국제관계연구총서 XIII

글로벌 이슈와 해결방안 Ⅱ

| 국제관계연구소 김호준 편 |

부산외국어대학교 출판부

국제관계연구총서 XIII

글로벌 이슈와 해결방안 Ⅱ

2012년 2월 24일 초판 발행

저자/ 차경미, 문경희, 김수암, 신연재, 김형철
발행인/ 정 해 린
발행처/ 부산외국어대학교 출판부
등 록/ 제 카7-53호 (1988. 9. 1.)
주 소/ 608-738 부산광역시 남구 석포로 15
전 화/ 051)640-3439, 3440 팩스/ 051)640-3580
인터넷/ http://press.pufs.ac.kr
편 집/ 주간 · 서상범, 디자인 · 정순식
인쇄처/ 세종문화사 (051)463-5898
공급처/ 한국출판협동조합 (02)716-5616 ~ 9

ISBN 978-89-8312-355-8 94340

값 9,000원

차례

제1부 난민, 여성

제2부 인권, 지구 온난화, 민주주의

제1부

난민, 여성

라틴아메리카의 난민증가 원인:
콜롬비아의 사례를 중심으로

차 경 미

(부산외국어대학교 중남미지역원 HK연구교수)

Ⅰ. 들어가는 말

탈 냉전 이후 미.소 대리전으로 진행되던 지역분쟁이나 국내분쟁은 더 이상 발생하지 않았다. 오히려 비합법적인 군사조직의 활동으로 인한 내전이 증가했다. 오랜 지역갈등을 통해 난민을 배출하던 국가들에서 9백만 이상의 난민이 자국으로 귀환하여 난민문제도 해결되는 듯 했다. 그러나 민족과 종교, 정치와 사회문제로 인한 분쟁은 심화되었고, 세계 곳곳에서 박해와 인권말살, 사회에 만연된 폭력과 무력충돌 및 정치와 경제적 문제로 인해 크고 작은 규모의 지역분쟁이 발생하고 있다.

냉전 종식과 함께 신세계질서 구축을 목적으로 패권적 개입주의를 시작한 미국은 '새로운 세계질서' 창조를 목적으로 대량살상무기 생산국과 테러 및 초국가적 범죄조직을 국가안보와 국익을 위협하는 대상으로 규정했다. 미국은 테러 지원국들에 대한 통제를 강화하고, 기존 우익 게릴라에 대한 지원 차단 선언 및 그들의 마약 밀매를 더 이상 묵인하지 않는다고 표명했다. 그 결과 강대국의 버림을 받은 동맹세력의 내전은 격화되었다. 그리고 미국의 지원을 받아 권력을 유지해온 독재나 군정 같은 비민주적 약소국 정부는 쇠약해지고 반정부세력이 강화되었다(다케시카 치하루 지음, 노재명 옮김, 2004: 45-51). 중동과 아프리카지역의 민족과 종족문제 그리고 종교적 갈등은 미국의 '인도적 개입'과 함께 전쟁과 내전으로 확대되었다.

한편, 라틴아메리카의 경우 민족과 종교적 갈등 보다는 정치, 사회적 위기의 심화로 내전이 유지되었다. 미국은 동구권 몰락 이후 점증하는 국제적 테러리즘에 시선을 돌리면서 게릴라 문제보다 더 심각한 마약문제에 관심을 집중했다. 즉 미국은 글로벌 테러조직에 대한 정책적 관심을 옮기면서 지역성을 띤 좌익 게릴라에 대응하는 친미 반공정권에 대한 지원을 삭감하는 대신, 좌익 게릴라들의 마약 밀매를 억제하기 위한 대 마약 전략 지원에 초점을 맞추었다. 라틴아메리카의 안데스산맥 지역은 미국의 이러한 정책운영의 중심지가 되었다.

90년대 말 미국은 13억 달러의 예산을 책정하여 라틴아메리카의 주요 마약생산지인 콜롬비아(Colombia)를 중심으로 반-마약지원책인 '플랜 콜롬비아(Plan Colombia)'를 운영하기 시작했다. 2000-2001년 한 해 동안 8억 6천만 달러가 콜롬비아에게 분배되었고, '플랜 콜롬비아'로 인해 영향을 받은 콜롬비아 인접국에 대한 지원도 제공되었다. 그러나 미국의 지원액은 군사와 경제적 비중의 균형을 맞춘 당초 계획과는 달리 군사비가 높은 비중을 차지했으며, 특히 콜롬비아의 경우 지원액의 75%가 군사비로 지출되었다. 결국 미국의 대 마약 지원책을 계기로 콜롬비아는 좌. 우익 불법무장조직의 무력분쟁이 확대, 심화되었고, 그 결과 강제실향민의 급격한 증가로 인해 라틴아메리카 최대 난민발생국이 되었다.

본 연구는 '플랜 콜롬비아' 운영이 최고조에 달한 시기 권력을 장악한 우리베 정권(Alvaro Uribe: 2002-2010)등장 이후 급격하게 증가한 강제실향민을 중심으로 콜롬비아의 난민증가 원인에 대해 고찰해 보고자 한다. 콜롬비아는 안데스산맥지역 국가로서 베네수엘라(Venezuela), 에콰도르(Ecuador), 페루(Perú), 파나마(Panama) 그리고 브라질(Brasil)과 국경을 형성하고 있으며, 콜롬비아를 탈출한 강제실향민 대부분은 이러한 인접국 접경지역에 분포되어 있다. 베네수엘라는 현재까지 가장 많은 콜롬비아 강제실향민이 정착한 국가다. 페루와 브라질에도 콜롬비아 강제실향민이 분포되어 있으나, 양국의 규모는 베네수엘라보다 작다. 또한 강제실향민이 꾸준히 유입되었던 페루와 브라질과는 달리 에콰도르는 우리베 정권 등장 이후 다른 어떤 인접국보다도 강제실향민이 급격하게 증가했다. 파나마의 접경지역은 2000년 들어 강제실향민의 새로운 정착지로 변모하였다.

이러한 점을 감안하여 본 연구는 우리베 정권 등장 이후 콜롬비아 강제실향민이 가장 많이 분포되어 있는 베네수엘라, 난민의 새로운 정착지로 등장한 파나마 그리고 최근 급격하게 난민이 증가한 에콰도르 접경지역의 콜롬비아 강제실향민을 중심으로 난민증가 원인과 현황에 대해 살펴볼 것이다. 콜롬비아의 사례는 미국의 신세계질서 구축과 난민증가와의 상관관계를 이해 할 수 있는 구체적인 실례가

될 것이다.

Ⅱ. 난민의 개념과 발생원인

2. 난민개념

난민의 개념을 정의하기 위해 가장 널리 인용되고 있는 문서는 1951년 발효된 "난민의 지위에 관한 유엔협정(Convention Relating to the Status of Refugees)"이다. 이 협정에 따라 국제법상 정의되어 있는 난민이란 "인종, 종교, 국적, 정치적 견해, 특정 사회단체의 참여 등의 이유로 인한 박해의 공포에서 벗어나기 위해 조국을 떠난 후 귀환 할 수 없거나 귀환하지 않으려는 사람이다"을 말한다(UNHCR: United Nations High Commissioner for Refugees). 즉 난민은 자신의 생명, 안전 혹은 자유가 일반화된 폭력, 외세의 침략, 내전, 대규모적인 인권침해 혹은 공공질서를 중대하게 침해하는 기타 사정으로 인하여 자신의 나라를 떠난 사람을 말한다. 1967년 난민 협약에 덧붙여 1969년 아프리카통합기구 OAU(Organization of Africa Unity) 난민협약은 "출신국 또는 국적국의 일부 또는 전부에서 외부침략, 점령, 외국의 지배나 공공질서를 심각하게 해치는 사건을 이유로 강제로 자신의 나라를 떠나야만 했던 사람"을 1951년 난민협약 정의에 추가하였다. 국적국 밖을 떠도는 자들 중 생명의 위협으로 인하여 본국으로 돌아갈 수 없는 자들을 난민으로 인정하여 국제적으로 보호해 줄 뿐만 아니라, 국제적 이주자 중에서도 이주가 외부침략, 점령,

외국의 지배 또는 국적국의 공공질서를 심각하게 해치는 사건으로 인하여 안전을 위해 국적국 밖의 다른 장소로 이동하여 상주지로 떠날 수 밖에 없는 모든 자를 난민으로 정의하고 있다.[1)]

국가간의 무력충돌로 인한 전쟁이나 어떤 국가 내에서 발생한 내전은 사람들이 거주하던 곳에서 타 지역으로 밀어내는 가장 전형적인 강제이주의 주요 요인이라고 볼 수 있다. 1984년 미주기구 OAS(Organization of American States)가 콜롬비아의 카리브 해 연안도시 카르타헤나(Cartagena de Indias)에서 채택한 '카르타헤나 선언'은 "보편화된 폭력, 외부침략, 국내소요, 대량의 인권침해 또는 공공질서를 심각하게 해치는 기타 상황으로 인하여 자신의 생명, 안전이나 자유가 위협받음으로 인하여" 자국을 탈출한 사람도 난민으로 인정했다. 이러한 조약 및 선언은 기존의 난민의 적용 범위를 결정하는 박해 사유로 인종, 종교, 국적, 특정 사회 집단의 소속 또는 정치적 견해뿐만이 아니라 '전쟁 또는 내전' 및 '대규모 인권침해'까지 확대하여 인정했다는 특징을 갖는다(이석용, 2005:196).

유엔난민고등판무관사무소 UNHCR은 1951년, 1967년 난민협약과 1969년 아프리카통일기구 난민협약을 바탕으로 난민을 난민(Refugees), 비호신청자(Asylum-seekers), 국내실향민(Internally Displaced Persons:IDP), 귀환민(Returned refugees/returnees), 귀환국내실향민(Returned IDPs), 무국적자(Stateless persons) 그리고 기타로 분류하고 있다.

1) 난민문제의 특별한 양상에 관한협약은 1969년 9월 10일 아프리카 단결기구의 국가 및 정부 정상회의에서 채택되었다.

난민은 이주민과는 달리 이주를 사실상 강요받은 사람들로서 난민수에는 난민과 유사한 상황에 처한 사람들 역시 포함된다. 비호신청자은 자신을 난민으로 규정하지만 난민 신청을 통한 난민으로서의 지위 인정이 결정되지 않은 사람들을 말한다. 이들은 심사 과정을 거쳐 난민으로서 인정을 받거나 혹은 인정받지 못하여 본국으로 돌려보내 질 수 있다. 국내 실향민은 난민과 유사하나 난민과는 달리 국경을 넘지 않고 자국 내에 머물러 있는 사람들을 말한다. 국내에서의 무장충돌, 일상화된 폭력, 인권 침해 등 자국 정부 상황이 도피의 원인이 되어 피난을 선택했더라도 법적으로 자국의 보호 하에 있는 점이 다르다. 이들은 UNHCR의 보호대상으로서 국제적으로도 인권 및 국제 인도법에 따른 권한과 보호를 누릴 수 있다. 귀환민은 자국에서 강제로 이주한 이후 자발적으로 본국으로 귀한한 사람들을 말한다. 무국적자는 어떠한 국가로부터도 자국민으로 인정되지 않는 개인들을 말한다. 무국적자이면서 난민이 되는 경우도 있지만 UNHCR은 두 범주의 사람들을 다르게 분류해 보호하고 있다. 무국적자는 국적 등록 시 소수민족으로 차별 받거나 국가가 독립되는 과정에서 국민으로 포함되지 못하였거나 국가간 법률의 충돌로 발생한다. 무국적자들은 국민으로서의 권리를 행사하지 못하고 무국적이라는 이유로 구금되고 탄압받거나 교육·보건 서비스의 혜택도 누리지 못하며 직업도 구할 수 없는 등 생존에 많은 어려움을 겪는다(http://www.unhcr.or.kr/).

난민의 지위에 관한 1951년 협약과 1967년 의정서에 의한 난민 지위 인정기준 및 절차 편람에 의거하여 현재 국제법상 난민으로 인정되기 위한 요건은 다음과 같다.[2)] 우선 "박해를 받을 우려가 있다는 충분한 근거가 있는 공포" (Well founded of being persecuted)다. 기아 또는 자연적 재난의 피해자 같은 경우는 특별한 이유로 박해를 받을 우려가 있다는 충분한 근거가 있는 공포가 인정되지 않는 한 난민을 인정되지 않는다. 난민 지위는 개인별로 인정되나 전체 집단이 본국으로부터 강제로 추방당하여 유랑사태가 발생하는 경우에 "집단인정"이 가능하다.

박해는 1951년의 협약 제33조에 의거하여 인종, 종교, 국적, 정치적 의견 또는 특정사회집단의 구성원 신분이라는 것을 이유로 한 생명 또는 자유에 대한 위협이 통상 박해가 된다. 차별은 그 자체가 당해인의 마음에 자신의 장래와 생존에 관하여 위기감과 불안감을 준다면 이들 조치는 박해를 받을 우려가 있는 상당한 공포를 야기할 수 있다고 본다. 두 번째로 인종, 종교, 민족적, 언어적 소수자에 대한 불리한 대우와 조치와 같은 국적을 이유로 한 박해, 특정사회집단 또는 정치적 의견을 이유로 박해를 받을 우려가 있는 자는 난민지위가 인정될 수 있다. 세 번째는 국적을 가지고 있는 신청인이 자신의 국적국 밖에 있어야 하는 것은 난민 지위를 인정받기 위한 일반적 요건이다. 본국을 떠날 때에는 난민이 아니었는데 이 후 난민이 된 자 역시 소위 "현지에 체재 중에" 난민이 된 자로 규정하여 보호하고 있다. 네 번째는 국적자에게 적용되는 항목으로서 난민은 본국 정보의 보호를 받을 수 없거나 받기 원하지 아니하는 경우 모두 국적국의 보호를

2) 1967년 의정서의 채택으로 인하여 실제적 의의가 상실된 "1951년 1월 1일 이전에 발생한 사건"이라는 항목은 요건에서 논의에서 제외하였다.

향유할 수 없는 자에 해당된다. 개인의 의지로 국가의 보호를 거부하는 경우에는 그 보호를 거부하기 위하여 충분한 근거가 있는 공포에 기초한 이유가 없는 한 난민이 아니다. 다섯 번째 종전의 상주국으로 돌아갈 수 없거나, 또는 그러한 공포로 인하여 돌아가기를 원하지 아니하는 자" 이 항목은 무국적의 난민에게 해당하는 것으로 모든 무국적자가 난민이 되는 것은 아니고 협약상의 난민 정의에서 제시되는 이유로 인하여 종전의 상주국 밖에 있는 경우 난민으로 인정 된다(장복희, 1997:67-89).

2. 난민발생 원인

난민의 대부분을 차지하는 제3세계국가는 전쟁, 종족갈등, 극심한 사회경제적 불평등이 일상화 되어있으며, 식민의 유산, 내전 그리고 강대국의 개입과 지원을 통해 난민을 지속적으로 배출하고 있다. 난민은 일반적으로 민족, 인종, 특정집단에 대한 소속, 종교와 정치적 의견 차이로 인한 정치적 요인으로 발생한다. 또한 경제상황 악화는 민족이나 국내 집단 간 자원배분을 둘러싼 분쟁을 유발할 수 있으며, 원전폭발, 화산 폭발과 같은 재해, 토지의 사막화, 산림의 황폐화 같은 자연환경 변화에도 난민은 발생한다. 최근 들어 가뭄이나 토양침식, 사막화, 삼림파괴 등 환경문제와 이에 따른 극단적 빈곤으로 환경난민이 증가하고 있다.

난민의 지위에 관한 1951년 협약과 1967년 의정서에 의한 난민 지위 인정기준에 따르면 환경 난민이 난민으로서의 지위를 인정받을 가능성은 높지 않다. 정부 당국의 정책결정의 실패 또는 소홀을 이유로 박해자를 정부 당국으로 설정하여 박해를 인정하거나 환경 난민들을 환경을 보호할 정치적 힘이 결핍된 사람들로 구성된 특정사회그룹을 형성하고 있다고 하여 난민협약을 환경 난민에까지 확대 적용하는 방안을 검토하고 있다. 2002년 국제적십자사가 작성한 "세계재난보고서"에 따르면 1990년대 들어 오세아니아주에서는 자연재해로 인한 사망자수와 이재민이 기하급수적으로 증가했다. 1970년과 비교를 해보면 사망자수는 21%증가, 이재민은 65배 증가한 것이다. 그러나 환경난민은 국제법상 난민으로 인정되지 않고 있는 실정이며, 원조도 거의 없는 것이 현실이다(박병도,2002:135-140).

탈 냉전이후 지역별 갈등유형을 살펴보면 다음과 같다. 우선 아시아지역의 경우 이질적 인종과 종교가 공존하는 인도반도 일대를 포함하는 남부아시아와 동양과 서양의 문화가 교차되는 이슬람문화권의 서남아시아지역에서 분쟁이 주로 발생한다. 동남아시아에서는 민족문제 그리고 남부아시아와 서남아시아에서는 종교와 민족문제가 정치적 이해관계와 복잡하게 얽혀 분쟁을 야기하고 있다(Aurel Croissant & Christoph Trinn, 2009:13-43).

유럽의 경우 코카서스 인종, 인도-유럽 어족, 기독교라는 문화적 공통성을 지니고 있지만 민족에 따라 게르만족 중심의 서부유럽 문화권, 라틴족 중심의 남부유럽 문화권, 슬라브족 중심의 동부유럽 문화권으로 구분된다. 민족, 언어, 종교가 매우 복잡하게 얽혀 있는 동부유럽에서는 민족분쟁으로 유대인 탄압과 추방을 주도했던 폭력사건인 포그롬(Pogram)이 발생했다.

다양한 부족들이 문화적 특성을 유지하는 사하라 사막 이남의 중앙아프리카는 15세기 이후 유럽 열강의 식민지가 되면서 열강의 분열 정책에 의해 부족 간의 갈등이 심화되었다. 아프리카지역은 인종차별문제, 종교문제 그리고 종족간의 갈등으로 내전이 발생한다. 남아프리카 공화국, 모잠비크의 인종갈등과 중앙아프리카의 르완다, 구자이르, 부룬디의 종족갈등은 아프리카지역 최대 비극의 역사를 낳기도 했다. 인종문제는 제국주의 등장 이후 발생해 왔으며 인종차별은 백인들이 아시아와 아프리카 등 세계의 대부분을 식민지로 삼으면서 인종에 대한 편견으로 발생했다. 주로 백인과 유색 인종 간의 갈등이 중심을 이루고 2차 세계대전이후 독립한 대부분의 식민지는 여전히 인종분쟁의 불씨가 남아있다. 남아프리카 공화국의 '아파르트헤이트'와 모잠비크의 흑백문제가 여기에 해당한다. 소말리아, 앙골라, 나미비아의 부족갈등과 수단도 종교적 갈등으로 내전이 지속되고 있다.[3)]

다른 지역과는 달리 라틴아메리카 지역은 민족과 종교적 분쟁보다는 정치와 사회적 분쟁이 중심을 이루었다. 이 지역은 동일한 식민의 역사적 유산을 놓고 독립이후 형성된 불완전한 국경선으로 인한 인접국가들 사이의 분쟁이 빈번히 발생했다. 영토분쟁은 경제적 및 군사적인 이해와 결부되었을 때 실질적인 힘을 발휘했다. 그리고 소수 엘리트들의 정치와 경제적 독점에 대한 일반대중들의 상대적 박탈감은 내전의 주요 요인으로 작용했다. 위에서 살펴본 지역별 분쟁

3) 아프리카 분쟁에 관한 자세한 내용은 Elisabeth Porter 외. *Conflict in Africa:Insights and Experiences*, United Nation University Press, 2005년 책과 Taisier M. Ali와 Robert O. Matthews 공저 *Civil War In Africa*, Mc Gill-Queen's University Press의 책을 참조.

유형을 바탕으로 난민발생 주요 원인을 정리화면 인종, 민족, 종교 그리고 정치, 사회문제로 정리해 볼 수 있다.

라틴아메리카의 강제실향으로 인한 난민발생은 스페인 정복이후 지속되었다. 독립이후 식민의 유산을 둘러싼 내.외부적 갈등과 60-70년대 독재체제, 군부쿠데타 그리고 80년대 엘살바도르와 니카라과를 중심으로 확산된 중미지역 혁명과 같은 일련의 정치적 격변 속에서 강제실향민은 배출되었다. 90년대 접어 들어 라틴아메리카의 강제실향민은 국내의 정치, 사회적 문제보다는 미국의 마약생산지에 대한 군사개입을 통해 안데스산맥지역을 중심으로 그 규모가 확대되고 있다. 탈 냉전 이후 라틴아메리카 최대 난민발생국으로 등장한 콜롬비아의 사례를 통해 난민증가 원인에 대해 살펴보자.

Ⅲ. 콜롬비아 국경지역 난민증가 원인과 현황

1. 난민증가원인

2002년 마약퇴치 및 게릴라에 대한 강경책을 채택한 무소속의 우리베(Alvaro Uribe:2002-2010) 후보는 53%의 지지로 대통령에 당선되었다. 우리베 대통령은 취임 이후 국가안보정책을 우선순위로 채택하며 힘에 의한 대 게릴라 소탕작전에 돌입했다. 정부는 테러와의 전쟁을 선포한 미국의 적극적인 대 게릴라 지원책인 '플랜 콜롬비아'에 힘입어 미국 원조 13억 달러를 포함한 총 75억 달러를 투자하여 국내안보를 위협하는 마약 조직과 게릴라소탕을 통한 정치, 사회,

군사 문제를 해결한다는 게릴라와 마약조직에 대한 강력한 대응책을 실시했다. 대내적 안보위협과 9.11테러 이후 국제사회의 환경변화는 우리베 정권이 평화협상 불가를 선언하고 마약퇴치 및 불법무장조직에 대한 강경책을 바탕으로 한 국가안보정책의 추진 배경이 되었다.

이러한 과정에서 정부군과 합동작전을 수행할 우익 콜롬비아연합자위군 AUC(Autodefensas Unidas de Colombia)가 결성되었고, 민병대(Paramilitares)와 함께 정부군과 연계하여 마약조직 및 대 게릴라 소탕작전을 수행했다. 그러나 이들은 점령지 확장을 위한 군사작전 수행에서 민간인에 대한 무차별적인 공격과 살해를 일삼았다. 이들의 만행이 국제적 논란이 되고, 미 국무부가 이들을 테러집단으로 규정하자 우리베 정권은 평화협상을 통해 2006년 말 AUC 및 민병대의 무장해제라는 목표를 달성했다.

우리베 정권의 국가안보정책 추진으로 수도 보고타(Bogotá)를 비롯한 메데진(Medellín), 칼리(Cali) 그리고 바랑키아(Baranquilla)와 같은 주요 대도시는 게릴라에 의한 납치 및 살인범죄가 현저하게 감소했고 공군을 동원한 게릴라 주요 거점지역에 대한 대대적인 소탕작전도 게릴라 활동의 위축을 초래했다. 그 결과 2006년 5월 대선에서 우리베는 62%의 압도적인 지지로 승리하여 콜롬비아 정치역사상 114년 만에 연임에 성공한 대통령으로서 장기집권의 가능성을 확실히 굳혔다.

〈표-1〉 2004-2006년 주요 도시별 범죄율 변화

	살인			변화율(%)	
주요도시명	2004	2005	2006	2004-2005	2005-2006
칼리	2,163	1,583	1,532	-27.23	-3
메데진	1,074	755	683	-29.70	-10
보고타	1,571	1,669	1,369	5.35	-18
바랑키아	423	367	390	-13.24	6
4대도시 종합	5,231	4,374	3,974	-16.82	-9
국내 종합	20,212	1,811	17,179	-10.76	-5

출처: Policía Nacional, 2007.
DANE(Departamento Administrativo Nacional de Estadistica), 2007.

그러나 힘에 의한 마약근절과 대 게릴라정책이 국가안보를 위한 근본적인 해결 방안이 아님을 증명해 주었다. 우리베 정권의 국가안보정책 추진 결과 불법무장조직이 접경지역으로 월경함으로써 인접국가와의 갈등은 심화되었다. 에콰도르는 2002년 이후 콜롬비아 좌.우익 불법무장조직에 의한 무력분쟁의 증가로 국가안보가 위협당하고 있다고 강조했다. 또한 콜롬비아 정부가 마약퇴치정책의 일환으로 추진한 마약생산지에 대한 제초제 살포는 주민의 건강은 물론 심각한 환경오염문제를 야기했다. 에콰도르 정부는 제초제 살포로 인한 접경지역 피해의 심각성을 표명하며, 우리베 정권의 국가안보정책을 비난했다. 제초제 살포로 농작물과 토지는 물론 물과 공기 오염으로 인한 주민의 피해는 계속 증가하고 있다(차경미, 2009:441-446).

한편, 콜롬비아의 양대 좌익 불법무장조직인 콜롬비아무장혁명

군 FARC(Fuerzas Armadas Revolucionarios de Colombia)와 민족해방군 ELN(Ejército de Liberación Nacional)은 정부의 소탕작전으로 국경을 안전한 지역으로 생각하고, 무기와 마약을 바꿔 신는 환적 장소로 이용하고 있다. 이러한 과정에서 일반 범죄조직까지 국경지역으로 이동하여 인접국가의 안보까지 위협하고 있다. 특히 베네수엘라 국경지역은 출몰하는 불법무장조직으로 인해 분쟁이 심화되었다. 콜롬비아는 국경지역에서 활동하는 게릴라에 대한 월경 추적권을 주장하는 반면 베네수엘라 측은 영토주권을 이유로 이에 반대하고 있어 양국의 입장은 첨예하게 대립했다. 또한 푸투마요 강(Rio de Putumayo)을 사이에 두고 해상 1,500Km의 접경을 형성하고 있는 페루 역시 콜롬비아로부터 월경한 불법무장단체들의 활동으로 국경수비를 강화하고 있다. 페루정부는 국경지역의 불법무장단체의 활동을 저지하기 위해 접경지역 주변에 군사기지 25곳을 설치하여 국경지역 병력을 강화했다(Agencia de Prensa Francesa,2003:20). 정부의 소탕작전으로 마약조직과 불법무장단체들은 국경지역으로 진출하여 무기와 마약 밀거래에 관여하고 지역 상인과 주민들에게 재산적 피해와 납치 그리고 고문행위를 자행하여 주민들의 신변은 위협당하고 있다.

이와 같이 마약퇴치를 명목으로 미국의 지원을 받아 콜롬비아정부가 추진한 국가안보정책 결과 FARC와 ELN 그리고 민병대와 AUC를 중심으로 한 무력분쟁은 심화되었다. 이와 함께 이러한 좌.우익 불법무장조직들이 마약경작지를 차지하는 과정에서 감행한 농민에 대한 무차별적인 공격은 강제실향민 증가의 주요 원인으로 작용했다. 2002년 강제실향민은 전년대비 100%증가한 30.6%로 나타났다. 같은 해 발생한 무력분쟁의 경우 민병대와 정부군에 의한 분쟁이 전년대비 43.9%로 증가하여 무력분쟁은 정부에 의해 조직이 활성화된 민병대 및 우익 AUC의 주도로 발생했음을 알 수 있다(Edgar Forero, 2003:6-7). 무력분쟁의 증가는 안전한 곳을 찾아 이동하는 실향민의 증가를 동반했다.

위에서 살펴본 바와 같이 우리베 정권은 미국의 지원 하에 마약과 불법무장단체에 대한 강경책을 골자로 하는 국가안보정책을 추진했다. 그 결과 불법무장조직 영향아래 있던 일부지역의 범죄율은 축소되었고, 주요 대도시의 살인과 납치율도 현격하게 감소했다. 또한 국내외적으로 민간인 학살에 대한 비난을 받아온 민병대와 AUC 우익 무장조직의 집단적 해체라는 가시적 성과를 거두었다. 그러나 이러한 성과에도 불구하고 2005-2007년 사이 오히려 마약과 관련된 범죄는 증가했으며 불법작물재배권을 둘러싼 좌 우익 불법무장단체들의 갈등은 심화되었다. 그리고 민병대와 AUC가 불법무장조직 FARC를 지원한다고 의심되는 지역주민에 대하여 무차별적인 학살을 자행함으로써 상주지를 탈출하는 강제실향민수는 급격하게 증가했다.

2. 국경지역 난민현황

2007년 세계적으로 840만 명이 내전과 인종, 부족, 종교적인 폭력때문에 조국을 떠나 집으로 돌아갈 수 없는 난민상태에 놓여있다. 그리고 660만 명은 국경을 넘지는 않았지만 그들의 집에서 강제로 떠날 수밖에 없는 상황이다. 2006년 말까지 전 세계적으로 난민의 수는 3,290 만 명으로 집계되었다. 2006년 한 해 동안에만 54%가 팽창한 것으로 하향세를 보이던 2002년 이후 5년 만에 증가한 것이다. 전체 난민의 45%가 아시아에서 발생하였고, 그 다음으로 아프리카가 30%, 남미와 캐리비안 지역은 11%, 유럽 10%, 북미 3%, 그리고 오세아니아 지역이 0.3% 순으로 나타났다(황우여,2008:11).

〈그림-1〉 콜롬비아의 국경

출처:http://www.google.co.kr/search?hl=ko&newwindow=1&qscrl=1&nord=1&rlz=.....

라틴아메리카 최대 난민 배출국인 콜롬비아의 경우 2005년 난민등록위원회 RUPD(el Registro Único de Población Desplazada)에 의하면 전체인구의 7.3%에 해당하는 754,359가구 3,316,862명이 난민상태라고 보고했다. 1998년부터 2008년까지의 난민 증가추이를 살펴보면 1998년 13,049가구 그리고 2002년 94,498가구가 난민으로 등록되어 624%의 대폭적인 증가율을 나타냈다. 2004년에는 56,046 가구가 난민으로 등록되어 2002년 대비 41% 감소했다. 그러나 2005년 이후 전년대비 42%증가한 79,802가구가 난민상태에 놓여있으며 2007년까지 지속적인 증가세를 보이고 있다(Felipe González,et.al, 2008:259-260).

〈표-2〉 2009년 콜롬비아의 강제실향민 현황

전제 강제실향민: 3,361,862
강제실향 가정: 754,359
개인 강제실향: 2,692,742
집단적 강제실향: 624,120
성별 강제실향 현황:남자 1,623,236,
:여자 1,680,743
연령별 강제실향 현황:0-5세: 231,908,
6-17세; 952,000,
18-59; 1,467,633,
60세이상; 167,372
원주민 강제실향: 76,829
아프로-콜롬비아인 강제실향: 268,135
기타: 30,691

출처:Acción Social, 2010.

1998-2002년 사이 집단적인 강제실향민은 98,212명이 등록된 안티오키아(Antioquia)주가 1위를 차지했다. 그 뒤를 이어 초코

(Chocó)주 41,577명, 막달레나(Magdalena)주 41,590명, 볼리바르(Bolívar)주 35,542명, 코르도바(Córdoba)주 17,852명 순으로 나타났다. 이러한 지역은 불법무장단체와 민병대가 점령지를 확장하는 과정에서 무력분쟁이 심화된 곳이다. 2003-2009년 강제실향민을 가장 많이 배출한 지역은 나리뇨(Nariño)주로서 이것은 우리베 정부가 마약퇴치를 목적으로 추진한 불법작물 재배지에 대한 대대적인 제초제 살포의 결과라고 볼 수 있다(ibid: 2-3).

〈표-3〉 2000-2002년 강제실향의 주요동기

원인	2000-2001	2002
일반화된 위협	44%	55%
특수한 위협	5%	6.4%
무장분쟁	15%	30.6%
대량학살	9%	3.9%
강탈, 공격, 강제징집 및 기타	3.85%	3.6%

출처:DNP(Departamento Nacional de Planeación).

강제실향민이 급증한 2000-2002년 사이 실향민 발생의 주요 동기를 살펴보면 강도, 살인과 같은 일반적 범죄가 2002년 전년대비 11% 증가한 55%로 나타났고, 납치 및 마약과 무기거래와 관련된 특수한 위협은 전년대비 0.9% 증가했다. 반면 좌익불법무장세력 FARC와 ELN 그리고 우익 민병대와 AUC의 무력분쟁으로 인한 위협은 2002년 전년대비 2배로 증가한 30.6%로 나타났다. 따라서 좌.우익 불법무장조직에 의한 무력분쟁은 강제실향민 증가의 주요 동기로 작용했음을 알 수 있다(Gerardo Ardilla,et.al, 2006:656).

〈표-4〉 1985-2002년 강제실향민 양산 조직

주범	1985-1994	1995-1997	2000-2001	2002
게릴라	32%	28%	12.32%	18.8%
민병대	21%	40.6%	45.67%	25.6%
공권력	27%	13.6%	0.65%	0.6%
무장분쟁	20%	17.8%	15%	43.9%

출처: RSS(La Red de Solidaridad Social).

민병대는 1980년대 말 FARC의 주요 공격 대상이던 대규모 농장 경영주와 개인 기업가들에 의해 자경단 성격으로 조직되었다. 우리베 정권 등장 이후 민병대는 국가안보정책에 힘입어 저하된 정부군과 합동작전을 수행하기 위해 활성화 되었다. 9.11테러이후 반 테러리즘을 안보정책의 핵심으로 채택한 미국의 적극적인 지원에 힘입어 우리베 정권은 경찰 1만 명을 추가로 모집하고, 3000여명 규모의 2개 군 여단 병력을 증원하는 한편 100만 규모의 민간인들을 민병대로 동원할 계획을 수립했다. 규모가 확장된 민병대는 점령지 확장을 위한 군 공격과정에서 공권력의 이름으로 비 무장 민간인에 대한 조직적인 살해를 자행해왔으며(차경미, op.,cit:435), 그 결과 무력분쟁과 강제실향민은 증가하였다.

〈그림-2〉 1997-2009년 강제실향민 현황

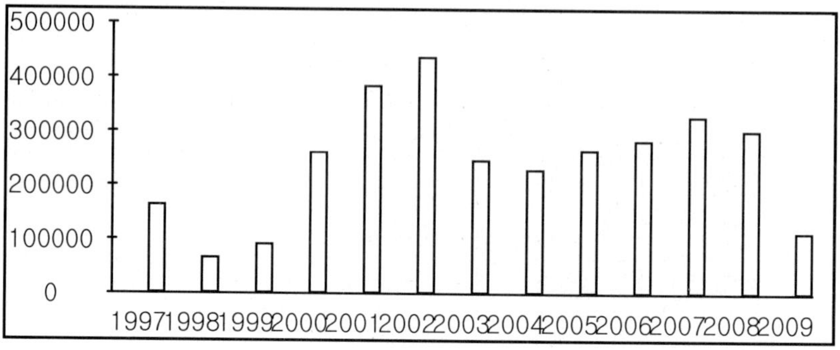

출처:RUPD(el Registro Unico de Población Desplazada), 2010 통계 재구성.

위의 그래프에서 나타난 바와 같이 2000년 들어 강제 실향민은 급격히 증가했으며 우리베 정권등장 전.후를 중심으로 최고의 증가율을 나타냈다. 2003-2004년 사이 강제실향민수는 감소하지만 2005년부터 다시 증가하기 시작했다. 민병대에 의한 민간인 학살이 논란이 되자 우리베 정권은 민병대와의 관계단절을 선포하며 2002년 6월말 이들 범죄혐의에 대한 사면을 허용하는 특별 법안을 통과시켰다. 그 결과 2003-2004년 사이 무력분쟁과 강제실향민수는 감소되었다. 그러나 2007년 강제실향민수는 다시 증가하기 시작했다. 이것은 2006년 정부가 민병대의 무장해체라는 목표를 실현했지만, 과거 민병대 활동거점지역을 중심으로 새로운 불법무장조직이 등장하여 정부군과는 무관하게 지역주민을 무력으로 통제하고 있기 때문이다.

이러한 신생불법무장단체는 정부와 협상을 거부한 민병대 잔존세력으로 추정되며 마약과 무기 밀거래에 개입하고 있는 것으로 밝혀졌다(Alfredo Rangel, 2007:12-13). 신생 불법무장조직들이 활동영역을 확장하는 과정에서 무력분쟁은 증가했고, 강제실향민도 상승했다. 강제실향민은 안전을 위해 국경을 넘어 인근국가 접경지역으로 이동하거나, 국내 실향민이 되어 살아가고 있다. 베네수엘라, 파나마 그리고 에콰도르 접경지역을 중심으로 콜롬비아의 강제실향민 실태에 대해 구체적으로 살펴보자.

〈표-5〉 2006년 이후 등장한 신생불법무장단체

불법무장단체	활동거점지역
아길라스 네그라스(Aguilas Negras)	노르테 데 산단데르(Norte de Santader), 카케타(Caqueta), 과히라(Guajira), 볼리바르(Bolivar), 안티오키아(Antioquia)
라 오피시나 데 엔비가도 (La Oficina de Envigado)	과히라(Guajira), 안띠오끼아(Antioquia), 세사르(César)
로스 트라케토스(Los Traquetos)	꼬르도바(Córdoba)
북부농민연합자위대(Autodefensas Campesinas Unidas del Norte:ACUN)	초꼬(Chocó)
로스 라트로호스(Los Ratrojos)	뿌뚜마요, 나리뇨
엘 블로케 피아호(El Bloque Pijao)	똘리마(Tolima)
엘 블록케 야네로스(El Bloque llaneros)	까사나레(Casanare)
누에바 헤네라시온(Nueva Generación)	나리뇨(Nariño)

출처: 차경미, 2009:437.

1) 베네수엘라

〈그림-3〉 콜롬비아와 베네수엘라 국경지역 주민거주현황

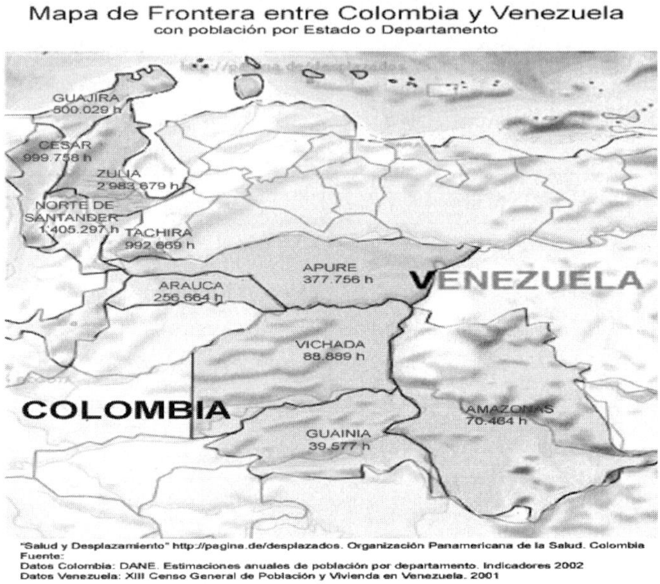

출처: DANE(Departamento Administrativo Nacional de Estadistica), 2002.

콜롬비아와 베네수엘라는 2000Km의 접경지역을 공유하고 있다. 베네수엘라 접경지역은 풍부한 지하자원과 험준한 산악지형으로 인해 게릴라활동의 최적의 조건을 갖춘 곳으로 인식되었다. 그리고 독립이후 콜롬비아의 정치, 사회적 위기로 강제실향민이 꾸준하게 유입되었다. 특히 우리베 정권등장과 함께 카타툼보(Catatumbo)지역은 불법작물경작 및 점령지 확장을 위한 게릴라와 민병대 사이의 빈번한 무력충돌로 인해 대량의 인명피해가 발생했고, 불법작물에 대한 제초제 살포는 지역 주민의 이탈을 가속화 했다. 접경지역으로 이동하는

실향민의 증가로 콜롬비아의 정치, 사회적 위기가 베네수엘라까지 연장되고 있는 실정이다. 콜롬비아의 강제실향민은 우레냐(Ureña), 볼리바르(Bolívar), 카파초 인데펜덴시아(Capacho Indepandencia)와 리베르타드(Libertad), 아야쿠초(Ayacucho), 가르시아 데 에비아(García de Hevia)와 산 크리스토발(San Cristóbal)등 베네수엘라의 접경지역 외곽으로 이동하기 위해 국경선을 넘고 있다.

2002년 마약 재배지를 둘러싸고 불법무장조직과 민병대의 무력분쟁으로 콜롬비아의 강제실향민은 베네수엘라 접경지역으로 대거 유입되었다. 노르테 데 산탄데르(Norte de Santander) 1,704명, 세사르(César) 1,915명, 과히라(Guajira) 814명 그리고 아라우카(Arauca) 1,116명의 주민이 국경을 통과하여 베네수엘라로 이동했다. UNHCR 통계에 의하면 콜롬비아의 노르테 데 산탄테르주와 접경을 형성하고 있는 베네수엘라 타치라(Táchira)에는 최근 5년 동안 대략 20만 명의 콜롬비아 강제실향민이 정착한 것으로 알려졌다. 이들 중 등록절차를 거쳐 난민으로 인정한 받은 자는 겨우 1%에 속한다(Adriana Gonzáles, 2009:122-126). 베네수엘라의 접경지역에 거주하는 실향민 대부분은 페리하(Perijá), 카타툼보, 피스타(Pista), 가바라(Gabarra), 아라우카와 비치다(Vichada)지역 등에 집중적으로 분포되어 있다.

1980년대 경제적으로 가장 번영하던 쿠쿠타(Cucúta)는 불법무장조직 ELN와 민병대의 지속된 무력분쟁으로 쇠퇴했다. 1990년대 들어 콜롬비아의 민병대는 이 도시의 경제를 무력으로 장악하고 국경을 통과하는 모든 상품에 대한 통제권을 행사했다. 민병대는 상인과

목축업자 및 지주의 재산을 강탈했고, 무기와 마약 밀거래를 통하여 지역에서 막강한 권력을 누렸다(El Tiempo, 16 de julio de 2005). 2006년 민병대가 무장해제 된 이후 쿠쿠타 지역은 신흥 불법무장단체 아길라스 네그라스가 지역경제를 장악하며 정부군과 무력충돌을 감행하고 있다. 이를 계기로 주민의 이탈은 급속하게 전개되었다. 베네수엘라 정부는 국가 안보의 중요성을 인식하며 불법무장조직에 대한 국경지역 수비를 강화하고 있다. 병력을 보강하고 군사비를 증액하여 마약생산 및 밀거래가 이루어지는 지역 수비강화에 주력하고 있다(El Nacional, 21 de julio de 2005).

2007년 베네수엘라 전체 난민 중 심사를 거쳐 난민으로 인정받은 사람 중 99%가 콜롬비아인 이었다. 2008년 콜롬비아 강제실향민이 가장 많이 정착한 곳은 타치라주로서 전제 난민 인정자의 31.99%에 해당하는 947명이 분포되어 있다. 다음으로 술리아주는 29,6%에 해당하는 849명 그리고 아푸레주는 23.5%에 해당하는 696명의 콜롬비아인이 난민으로 인정되었다(Diario Los Andes, 22 de noviembre de 2008).

〈표-6〉 콜롬비아인의 난민신청현황: 2000-2006년

국가	신청자 수	국경지역%	국가전체%
에콰도르	44,454	80.75	36.18
베네수엘라	8,397	15.25	6.83
파나마	1,388	2.52	1.13
페루	501	0.91	0.41
브라질	311	0.56	0.25
국경지역전체	55,051	100.00	44.81
세계전체	122,864		100.00

출처:UNHCR.

2) 파나마

콜롬비아의 태평양지역은 북쪽으로 파나마 그리고 남쪽으로는 에콰도르와 1.300 킬로미터 면적을 접하고 있다. 이 지역은 전제인구의 83%가 흑인으로 구성되어 있고, 그 외 다양한 원주민 부족이 살아가고 있다. 원주민 보호구역 170곳 그리고 132개의 흑인 공동체가 형성되어 있는 태평양지역은 콜롬비아의 다양한 문화적 스펙트럼을 제공하는 곳이다. 역사적으로 태평양지역은 안전한 곳으로 인식되었다. 19세기 말 콜롬비아는 자유와 보수 양당의 갈등으로 십만 이상의 인명피해를 낳은 내전인 천일전쟁(Villegas y Yunis, 1979: 125)을 경험했고, 20세기 들어 불법무장조직의 활동으로 국토 전체가 무력분쟁에 휩싸였다. 그러나 이 지역은 이러한 역사와 무관하게 평화가 유지되었다. 오히려 내전으로 인해 신변에 위협을 느낀 인근지역 주민들이 꾸준히 유입되었으며 2000년 이전까지 내전이나 무력분쟁과는 무관한 영토였다.

그러나 최근 파나마 접경 태평양지역은 불법무장조직의 주요 거점지로 활용되고 있다. 이 지역은 미국의 대 테러지원책인 '플랜 콜롬비아'가 운영되기 시작한 90년대 말부터 이전에 볼 수 없었던 무력분쟁이 집중적으로 전개되고 있다. 밀림으로 둘러싸인 지리적 조건과 중미와 남미를 연결하는 지정학적 위치는 밀수와 마약 그리고 무기거래와 같은 불법활동이 형성될 수 있는 최상의 조건이 되었다. 불법무장조직 FARC와 우익무장조직 AUC의 무력분쟁으로 원주민과 흑인 공동체는 파괴 되었고,주민들은 국경을 넘어 파나마 영토로 진입하고 있다(Guillermo A. Vanegas, 2006:186). 태평양지역은 정부의 강력한 게릴라 소탕작전으로 인해 민병대와 게릴라간의 무력분쟁이 심화되었고, 이러한 과정에서 강제실향민은 증가했다.

태평양지역이 무력분쟁의 중심지로 변모한 것은 콜롬비아 정부가 아마존 밀림지역의 불법작물 재배지에 대해 제초제를 살포하자 불법무장조직 FARC가 바다를 통해 이 지역으로 이동했기 때문이다. 마약거래의 주요 루트였던 아마존 지역이 정부의 무력으로 폐쇄되자 불법무장조직의 활동거점은 태평양지역으로 이동되었다. 그 결과 오늘날 이 지역 대부분은 좌익 불법무장조직 FARC의 영향력 아래 놓였고, 파나마 접경지역인 쿠피카 만(Bahía Cupica)으로부터 에콰도르와의 미라(Mira)강 까지 이들의 영향력은 확대되고 있다. 또 다른 불법무장조직 ELN도 마약관련 활동을 통해 자금을 확보하고 있다.

'플랜 콜롬비아' 운영이후 불법무장조직은 푸투마요 그리고 태평양 지역을 주요 거점지로 활용하고 있다. 이러한 지역은 밀림으로 둘러싸여 있는 지리적 특징으로 인해 국가 행정력이 제대로 발휘되지 못하는 실정이다. 그래서 불법무장조직은 정부군을 대신해 지역의 영토와 주민에 대한 통제권을 확보할 수 있었다. 더욱이 태평양지역은 바다를 통해 육지와의 연결이 원활하고, 전쟁비용을 충당 할 수 있는 자원접근이 수월하여 새로운 거점지로서 손색이 없었다. 이와 함께 불법무장조직은 흑인과 원주민공동체가 밀집되어 있는 이 지역에서 소외와 배제 속에 살아가는 젊은이들을 설득 혹은 강제로 동원하여 예비군으로 활용할 수 있다는 점에서도 이 지역을 주목했을 것이다(차경미, 2011:122).

2000년 들어 무력분쟁으로 죽음의 영토가 태평양 일부지역에서 민병대는 흑인공동체로부터 강탈한 토지에 야자수(Palma)를 경작하여 지역의 경제권을 장악했다. 한편, 초코주의 수도인 킵도(Quibdo)는 불법무장조직과 자본가 사이의 토지분쟁이 발생했다. 또한 트리부가 만(Golfo de Tribugá)은 FARC와 민병대간의 불법작물 거래 및 운송 그리고 무기거래를 둘러싸고 첨예하게 대립했다. 이러한 '새로운 경제전쟁'에서 지역민의 대량학살은 동반되었고, 강제실향은 증가했다(Carlos E. Agudelo, 2002: 9-11).

2001년 6월 바우도(Baudó)강 유역 흑인공동체 주민 대부분이 강제 실향민이 되었고 나야(Naya)강 주변마을에서 민병대는 게릴라 협력자들을 청소한다는 미명하에 대량학살을 자행했다. 아프로콜롬비아 실향민 협회AFRODES(Asociación de Afrocolombianos Desplazados)는 다양한 매스컴을 통해 민병대에 의해 자행되고 있는 대량학살의 현장을 고발했다(www.ainfos.ca). 그럼에도 불구하고 2002년 4월 우익 불법무장조직 AUC는 나바야 강 유역 주민 45명을 학살했고, 이를 계기로 3000명 이상의 강제실향민이 파나마 접경지역으로 이동했다(UNHR, 2003: 54-55). 2002년 파나마에서 난민으로 인정된 콜롬비아 실향민은 725명으로 파나마는 이전에 존재하지 않았던 콜롬비아 강제실향민이 유입되었다.

3) 에콰도르

에콰도르는 콜롬비아와 안데스산맥을 거쳐 태평양과 아마존 강에 이르는 640Km의 면적을 공유하고 있다. 2001년 마약퇴치를 위해 미국과 콜롬비아정부가 접경지역 마약경작지에 제초제를 살포함으로써 지역주민 12,000명이 에콰도르 접경으로 이동했다. 90년대 까지만 해도 에콰도르는 난민문제가 논의될 만한 규모는 아니었다. 그러나 접경지역을 중심으로 분포되어 있던 콜롬비아 강제실향민수가 2000년 179명에서 2003년 4,600명으로 급격하게 팽창했다(Hernán Moreano, 2006:161-170). 이러한 강제실향민은 콜롬비아 주요 마약재배지인 카케타(Caqueta), 푸투마요, 과비아레(Guaviare), 나리뇨(Nariño)와 카우카(Cauca) 지역에서 배출되었다.

미국이 콜롬비아 정부를 지원하여 추진한 반 마약정책인 '플랜 콜롬비아'는 주요 불법작물재배지인 나리뇨와 푸투마요 주를 중심으로 전개되었다. 미국과 콜롬비아 정부는 군을 동원하여 불법작물 경작지에 제초제를 살포하였고, 이를 계기로 지역농민과 FARC 그리고 ELN와 같은 불법무장조직은 에콰도르 접경지역으로 이동했다. 푸투마요와 나리뇨주의 무력분쟁은 파스트라나(Andrés Pastrana: 1998-2002년) 정부가 게릴라와의 평화협상에 실패한 이후 지속적으로 발생했고, 우리베 정권등장 과 함께 최고조에 달했다. 이러한 상황은 2000-2004년 사이 전체 강제실향민 중 50.1%가 푸투마요 그리고 43.4%가 나리뇨 주로 부터 배출되는 계기가 되었다. 강제실향민은 인접 도시로 이주하거나 국경을 넘어 에콰도르 접경지역인 카르치(Carchi), 에스메랄다(Esmeralda) 그리고 수꿈비오에 정착했다(Cosuelo A. Beltrán,et.al, 2004:91-95; Stépanine Lavaux,et.al, 2005:82-89).

〈표-7〉 에콰도르의 콜롬비아 강제 실향민 주요 정착지

도시	지방
쿠엔카(Cuenca)	아수아이(Azuay)
에스메랄다(Esmeralda)	에스메랄다스(Esmeraldas)
과야길(Guayaguil)	과야스(Guayas)
이바라(Ibarra)	임파부라(Imbabura)
툴칸(Tulcán)	카르치(Carchi)
라고 아그리오(Lago Agrio)	수쿰비오(Sucumbio)
키도(Quito)	피친차(Pichincha)
산토토밍고스 데 로스 콜로라도스 (Santo Domingos de Colorado)	핀친차(Pichincha)

출처:Cosuelo A. Beltrán,et.a의 책 재구성.

불법작물 경작과 관련하여 2007년 통계에 따르면 나리뇨주는 국내전체 경작지의 21%에 해당하는데 이것은 전년 대비 30% 증가한 20,259 헥타르에 이른다. 그 뒤를 이어 태평양지역의 투마코(Tumaco) 5.2% 그리고 4.4%의 푸에르토 아시스(Puerto Asís)는 그 면적이 4,386 헥타르에 해당한다. 결과적으로 2007년 나리뇨와 푸투마요 지역의 불법작물 경작면적은 전년대비 7,000헥타르 이상 증가한 것이며, 국가전체 불법작물 경작지의 36%에 해당한다(Carmen Pèrez, 2003:154). 이것은 마약근절을 목표로 추진된 '플랜 콜롬비아' 운영이 마약재배와 거래량의 변화를 동반하지 않았음을 증명한 것이다.

〈표-8〉 2000-2006년 콜롬비아 인접국가 난민등록현황

국명	2000-2006	2005	2006
에콰도르	40,443	7,901	3,778
베네수엘라	7,082	1,658	1,416
파나마	1,758	405	107

출처: RSS; RUPD.

Ⅳ. 난민을 위한 정부의 노력

난민보호의 최종적 단계는 이들을 국제적 보호의 대상으로 인정하여 항구적인 해결책을 제시하는 것이다. 항구적인 해결책은 안전하게 본국으로 귀환하게 하거나 혹은 영토 국이나 제 3국에 난민지위를 부여하여 정착하게 하는 것을 말한다. 난민의 자발적 본국 귀환이 어려운 경우 가장 간단한 해결방법은 영토 국이나 제 3국이 난민에게 법률상 난민지위를 부여하여 그들이 안전하고 합법적으로 체류할 수 있게 하는 것이다. 그런데 이러한 난민지위 부여의 현실은 당사국간의 외교적 이해관계, 영토국의 국내여론 및 정책적인 문제 그리고 국제법상의 기술적 측면 등으로 인하여 상당이 복잡한 양상으로 전개되기도 한다. 이러한 사정으로 인하여 난민문제의 해결에 있어서 관련당사국들은 UNHCR와 긴밀히 협조할 것을 권고 받고 있다(차경미, op., cit:124-125).

콜롬비아정부는 강제실향민과 관련하여 1997년 법 387호를 발송하고 강제실향민 예방을 위한 법적 방안을 마련했다. 정치적 폭력으

로 인해 강제 실향된 주민의 사회, 경제적 안정과 이들의 처우개선을 위해 마련된 법적 조치였다. 이를 계기로 정치적 폭력에 의해 실향민이 된 주민에 대한 업무를 담당 할 국가시스템 SNAIPD(El Sistema Nacional de Ateción a la Población por la Violencia)가 구축되었다. 그리고 이들을 통합적으로 관리할 통합업무국가자문회(el Cosejo Nacional para la Atención Integral)는 통합업무를 위한 국가계획(Plan Nacional para la Atención Integral)을 수립했다. 동시에 각주와 중소도시에 SNAIPD업무를 지원할 위원회가 조직되었다. 그리고 유엔난민위원회, 적십자와 유니세프 같은 국제기구와의 협조로 고국으로 귀환한 주민의 정착 지원책도 마련되었다. 난민처우문제는 UN과 이웃국가와의 협력 체제를 바탕으로 해결해 나아가고 있다(María D. Victoria, 2006:180-182).

2000년 11월 콜롬비아 외무부 장관은 국경지역 강제실향민에 대한 심각성을 인식하고 이에 대한 대책마련과 함께 내무부와 협력하여 실향민 전담부서 설립을 추진했다. 사회통합망 RSS와 국방부와의 협의로 진행된 공동업무는 우선, 강제실향민 문제를 효율적으로 관리하기 위한 정보교환 및 식량, 의료 보건과 같은 기초 생활을 위한 지원책 마련이었다. 최종적으로는 실향민들이 안전하게 자신의 영토로 귀환하도록 지원하는 것을 과제로 삼았다. 이러한 목적을 달성하기 위해 실향민 가족의 2차적인 이산을 예방하고 이들이 직면한 상황에 대한 지속적인 평가를 통해 당면문제 해결책을 모색해왔다(Guillermo A. Vanegas, op., cit:187).

국제적으로 우리베 정권은 난민문제와 관련하여 인접국가와의 협력을 모색했다. 에콰도르, 파나마 그리고 페루 정부와 협정을 체결하고 난민에 대한 양국의 공동협력을 결의하였다. 2003년 4월 '플랜 콜롬비아' 추진이후 관계가 악화된 베네수엘라의 차베스(Hugo Chávez:1999-2013) 대통령과는 정상회담을 개최하고 그동안 불편했던 양국의 관계청산과 우호증진 및 난민문제에 대한 진지한 논의를 진행했다. 콜롬비아와 파나마 양국은 강제실향민 문제를 공동으로 해결하기 위한 공조체제를 구축했다. 다양한 협정체결을 통해 국경지역 강제실향민에 대한 정보를 교환하고, 공동대책마련을 위해 장관급 회담을 개최했다. 2003년 7월14-15일 양일간 개최된 제 2차 난민문제 실무자 회담을 통해 콜롬비아 난민실태를 파악하고 현실적인 대책마련에 나섰다. 난민을 위한 업무 프로그램를 정비하고, 콜롬비아 난민이 집중적으로 분포되어 있는 하케(Jaqué), 라 팔마(La Palma), 야비사(Yaviza)와 오발디아(Obaidía) 항구 그리고 투이라(Tuira)지역을 중심으로 난민의 현실적인 문제해결을 위한 실무 노력을 기울였다. 이러한 과정에서 난민이 자국의 영토로 안전하게 귀환하도록 설득과 지원을 아끼지 않았다. 그 결과 2003년 12월 85명이 파나마로부터 안전하게 귀환했다.

난민을 위한 건강, 위생, 보건, 주거 및 영양과 같은 기초서비스 관련 업무는 국가와 주별 그리고 중소도시 차원에서 진행되었다. 주거문제 해결을 위해 협력해온 NGO단체 (Consulting Housing Foundation)는 난민의 기초생활개선 및 안정적인 정착을 위해 중요한 역할을 담당했다. 이러한 노력결과 2004년 2월 2차적으로 콜롬비아 난민들이 자국의 영토로 귀환했다(María D. Victoria,op.,cit:181).

강제 실향민을 위한 통합적업무국가시스템 SNAIPD는 실향민의 열악한 조건 개선을 위해 국가예산을 증액했다. 1999-2002년 사이 SNAIPD관련 단체들은 강제실향민을 위해 532,410백만 페소를 지원했고, 지원액은 해마다 증가하여 2003-2006년 사이 1.9천만 페소, 그리고 2007-2010년 사이 5.2천만 페소가 마련되었다. 강제실향민을 위해 증액된 예산은 사회행동(Acción Social), 실향민의 안정적 정착을 위해 지원하는 단체OPSR(la Operación Prolongada de Socorro y Recuperación) 그리고 적십자와 선교단체 및 구호단체 활동을 통해 지출되었다.

정부는 2003년 상반기 동안 75,200 강제실향민 가구를 위해 7,141 백만 페소를 책정했다. 1995-2000년 사이 정부의 공공투자는 139,000 백만 페소로 매우 축소되었다. 당시 정부의 정책 아젠다 수행과정에서 실향민문제가 매우 낮은 비중을 차지하고 있었기 때문이다. 2001년 SNAIPD의 다양한 단체를 통해 146.000 백만 페소가 강제 실향민을 위해 지출되었다. 2002년에는 162.000 백만 페소가 책정되었고, 2003년 60백만 달러로 증액되었다. 1997-2002년 동안 강제실향민을 위해 마련된 금액은 총 447.000백만 페소이며 2003년에는 165,6백만 달러로 증액되었다. 2001-2002년 사이 강제실향민 문제에 대해 RSS는 126,582백만 페소의 금액을 투여했다. 이중 52%는 실향민의 정착 활동지원으로 사용되었고 37,36%는 긴급구호, 3.7%는 실향민 예방 비용으로 충당되었으며 6.13%는 실향민을 위한 제도개선 비용으로 지출되었다. 그러나 정부의 이러한 노력은 만족스러운 것은 아니었다. 2002년 8월 UNHCR에 의해 실시된 공공

정책 수행분석 과정에서 파스트라나정권 말기 긴급구호 준비금은 수요의 34.2%만을 수행하여 목표치의 31.6%에만 도달했다. 특히 주거준비금은 1.3%로 목표의 11.4%만 성취되었다(Acción Social, op., cit:6-7).

금융위기에도 불구하고 우리베 정권은 2003년 강제 실향민에 대한 업무를 수행하기위한 RSS의 예산을 88.120백만 페소을 유지했다. 대략 25.718백만 페소가 강제 실향민을 위한 업무로 지출되었다. 추가적으로 RSS는 비올렌시아 희생자 그리고 무력분쟁 지역의 재건을 위한 재정적 뒷받침에 노력을 기울였다. 정부는 강제실향민을 위한 추가 예산을 확보하고 이들에 대한 건강과 교육부문에 대한 지출을 늘렸다. 우선, 실향민의 건강을 위해 마련된 국가예산은 2003년 28,770백만 페소 에서 2004년 4배에 가까운 116,541백만 페소 급증했다. 2005년에는 전년대비 2배 이상 증가한 259,110백만 페소 그리고 2006년 역시 전년대비 2배 이상 증액된 532,848백만 페소가 예산으로 책정되었다.

〈그림-4〉 강제실향민을 위한 건강보조예산

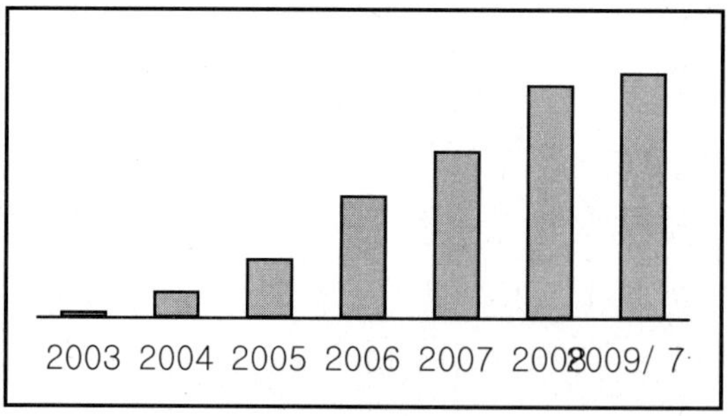

출처: SIGOB-Ministerio de Protección Social

〈표-9〉 강제실향민 자녀를 위한 교육부문예산

년 도	금 액
2004	114,044
2005	278,469
2006	510,584
2007	785,098
2008	1,200,947
2009	1,661,630

출처:SIGOB-Ministerio de Educación

이것을 통해 2004년 이후 콜롬비아 정부는 강제실향민 문제에 대한 심각성을 인식하고 정책에 반영하고 있음을 알 수 있다. 2007년 728,965백만 페소, 2008년 1,015,320백만 페소 그리고 2009년 7월 1,068,747백만 페소로 해마다 그 액수는 증가했다(DNP, 2010:2-3).

2004년 이후 실향민 자녀를 위한 교육부문 예산도 증가했다. 2005년 전년대비 2배증가한 278,468백만 페소가 할당되었고, 2006년 역시 전년대비 두 배에 가까운 510,584백만 페소가 편성되었다. 2007년 785,098백만 페소, 2008년 1,200,947백만 페소 그리고 2009년 1,661,630백만 페소로 건강보조금과 함께 교육부문에 대한 정부 예산은 매년 증가하고 있다(Alcaldía Mayor de Bogotá, 2010:205).

2010년 콜롬비아 정부는 브라질리아에서 개최된 난민 보호, 무국적자 및 혼혈 이주에 대한 국제회의에 참석하여 강제이주민들과 무국적자들의 보호를 위해 적극적으로 대처하겠다고 합의했다. 회의에 참석한 라틴아메리카 8개국 정상은 “미주대륙 난민과 무국적자의 보호에 관한 브라질리아 선언(Brasilia Declaration on the protection of refugees and stateless persons in the Americas)"을 채택했다.[4] 이 선언은 국경에서의 거부 금지와 불법입국에 대한 처벌금지를 포함하여 강제송환 금지원칙에 대한 존중과 또한 난민 및 국내 실향민에 관한 국내법 적용에 대한 구체적 논의가 진행되었다는 점에 주목할 필요가 있다. 이와 동시에 이 회의는 1951년 유엔 난민 협약에서 논의되지 않은 실향민에 관한 문제해결 방안을 주요 실향민 발생 국가들에게 장려했다는 점에서 의의가 있다(UNCH, 2010).

V. 결 론

2002년 등장한 우리베 정권은 미국의 지원 하에 마약퇴치 및 불법무장조직에 대한 강경책을 바탕으로 한 국가안보정책을 추진했다. 그러나 힘에 의한 마약근절과 대 게릴라정책이 국가안보를 위한 근본적인 해결 방안이 아님을 증명해 주었다. 우리베 정권의 국가안보정책은 가시적 성과에도 불구하고 오히려 불법작물재배권을 둘러싼 좌 우익 불법무장단체들의 갈등심화로 난민증가의 주요원인으로 작용했다. 무력분쟁은 정부에 의해 조직이 활성화된 민병대 및 AUC의 주도로 발생했으며, 이들은 점령지 확장 과정에서 민간인에 대한 무차별적인 공격을 가함으로써 강제실향민으로 인한 난민수는 2002

4) 브라질리아 선언을 채택한 나라들은 아르헨티나, 볼리비아, 브라질, 칠레, 콜롬비아, 코스타리카, 쿠바, 도미니카 공화국, 에콰도르, 엘 살바도르, 과테말라, 멕시코, 니카라과, 파나마, 파라과이, 페루, 우루과이 및 베네수엘라이다. 미국과 캐나다는 옵서버 자격으로 브라질리아 국제회의에 참가하였다.

년 전년대비 624%로 대폭적인 증가율을 나타냈다.

강제실향민은 국경을 넘어 인근 접경지역으로 이동하고 있다. 파나마, 에콰도르 그리고 베네수엘라 접경지역을 대상으로 콜롬비아의 난민증가 원인을 파악해본 결과 마약거래의 주요 루트였던 아마존 지역을 정부가 무력으로 폐쇄되자 불법무장조직의 활동거점은 태평양 지역으로 이동되었고, 이 지역은 90년대 이전과는 달리 불법무장조직의 무력분쟁이 집중적으로 전개되었으며 이러한 과정 속에서 강제실향민은 국경을 넘어 파나마 영토로 진입했다. 또한 에콰도르 접경지역은 불법무장조직과 민병대가 불법작물 경작지를 차지하는 과정에서 푸투마요 지역 농민에 대한 무차별적인 공격을 감행하여 2000년 들어 콜롬비아 강제실향민수가 폭발적으로 팽창했다.

강제실향민이 확산되자 콜롬비아정부는 2003년 이후 강제실향민 예방을 위한 법적 조치를 마련했고, 이들에 대한 사회, 경제적 안정과 처우개선에 관심을 보이기 시작했다. 적십자와 유니세프 같은 국제구호단체와 협조를 통해 난민의 무사귀환을 지원했고, 귀환한 난민에 대한 정착 지원책도 마련했다. 인접국가와의 협력을 바탕으로 난민을 위한 업무 프로그램를 정비하고, 난민이 집중적으로 분포되어 있는 접경지역을 중심으로 문제해결을 위한 실무노력을 기울였다. 또한 재원확보를 통해 이들을 위한 예산을 해마다 증액했다.

그러나 이러한 노력에도 불구하고 콜롬비아 정부는 강제실향민 양산 방지하기 위한 현실작인 제도적 장치 마련의 과제를 안고 있다. 콜롬비아는 마약관련 범죄자와 게릴라의 활동으로 주민의 생명이 여전히 위협당하고 있으며, 현재 정부는 좌,우익 모든 불법무장조직과의 갈등에 직면해 있다. 또한 일부지역에서는 불법작물 경작이 지속되고 있는 실정이다. 이런 상황 아래 정부는 지방 정부의 통제력 강화를 통해 실향의 원인이 되는 범죄행위에 대한 강력한 처벌을 도입하여 관리해야하며 강제실향의 위협이 높은 지역을 중심으로 사회통합망을 통해 실향예방 및 실향민을 위한 제도적 정비를 강화해야 할 것이다.

참고문헌

박병도(2002). 환경 난민의 법적 지위(Legal Status of Environmental Refugees), 『국제법학회논총』. 제 47권 제3호.

이석용(2005). 『국제인권법』. 세창출판사.

장복희(1997). 「국제법상 난민보호와 그 문제 해결」. 『국제법학회논총』.42권 2호. ______(1997). 편역. 「난민 관련 국제 조약집」, UNCHR.

차경미(2009). 「콜롬비아 우리베 정권의 국가안보정책의 한계」. 『국제지역연구』.13권 제2호. 한국외국어대학교 국제지역연구센터.

______(2011). 「콜롬비아 국경지역 난민증가 원인 : 베네수엘라, 파나마 그리고 에콰도르 접경지역 강제실향민을 중심으로」. 『국제지역연구』.15권 제1호. 한국외국어대학교 국제지역연구센터.

황우여(2008). 『난민 등의 지위 및 처우에 관한 법률제정을 위한 공청회』.국회인권포럼.

다케시카 치하루 지음, 노재명 옮김(2004). 『왜 세계는 전쟁을 멈추지 않는가?』.갈갈라파고스.

Alfredo Rangel(2007). El Rearma Paramilitar" Evolución Reciente del Conflicto Armado. *Informe Especial.* Enero-Marzo. Bogotà. Colombia.

Agudelo E. Carlos(2002). "De "Remanso de Paz" A Escenario Estrategico Del Conlicto Armado.Las Transformaciones de la Región y Algunas Respuestas de sus Poblaciones Frente a la Violencia". *Diplomado Políticas para el Manejo de Migraciones: El Desplazamiento Forzado Un Reto para la Gestión Local.* Santiago de Chile.

Ardilla Gerardo(2006). *Colombia: migraciones transnacionalismo y desplazamiento*. Bogota:Universidad Nacional de Colombia. Centro de Estudios Sociales:CES. Colombia.

Aurel Croissant & Christoph Trinn(2009). Culture, Identity and Conflict in Asia and Southeast Asia. ASIEN 110. January.

Beltrán Cosuelo Ahumada,et.al(2004). *El Desplazamiento Forzado de colombiannos hacia Ecuador en el Contexto del Plan Colombia.* Universidad Javeriana de Colombia.

Díaz María Victoria (2006). "Acuerdos bilaterales entre Colombia y los países fronterizos Panamá, Ecuador y Venezuela". *Descargar-Memorias del Seminario-Taller Internacional.* Ministerio de Relaciones Exteriores.

Forero Edgar(2003). *El Desplazamiento Interno Forzado en Colombia.* Institute for International Studies at the University of Notre Dame.

González Felipe Isa, et.al(2008). *Colombia en su Laberinto: Una mirada al Conflicto*. Catarata. Colombia.

Gonzáles Gil Adriana, et. al (2009). *Lugares, Procesos y Migrantes: Aspectos de la migración Colombiana.* PETEK LUAG.

Lavaux Stépanine, et.al(2005). *El Círculo de Colombia, Brazil, Panamá, Perú y Venezuela.* Universidad Rosario.

Moreano Hernán (2006). "Las Implicaciones del Conflicto Interno Colombiano para las Froneras de Ecuador, Perú, Brasil y Venezuela 2000-2005". *Revista de Ciencias Sociales. no.24.* Enero. Quito.

Pèrez Carmen (2003). "La Situación de Refugio y Desplazamiento en Colombia" *Globalización, Migración y Derechos Humanos*. Universidad Andina Simón

Bolivar. Ecuador.

Vanegas Guillermo Antonio (2006). "Desplazamiento Interfronterizo de Colombia a Panamá y Acuerdos Bilaterales entre los Gobiernos de Ambos Países". *Descargar- Memorias del Seminario-Taller Internacional*. Ministerio de Relaciones Exteriores.

Villegas y Yunis(1979). “Country:Colombia, Planning Year 2006”. *Country Operations Plan. Overview*. UNHCR.

Acción Social(2010). "Desplazamiento Forzado en Colombia". Colombia.

Agencia de Prensa Francesa(2003). *Fuerzas Armadas de Perú y Colombia evaluán presencia de las FARC en la Frontera Común.*

Alcaldía Mayor de Bogotá(2010). "Atención Población en Situación de Desplazamiento". *Presupuesto 2010. Bogotá Distrito Capital. Anexo 3.*"

DNP(2010). "Hoy en Planeación". *Boletín. No. 67*.

UNHCR(2003). *Programa Presidencial de Derechos Humanos y DIH, Observatorio*.

_______(2010). 남미국가들 실향민과 무국적자에 대한 적극적 보호에 서약」.11-22.

El Tiempo. 16 de Julio 16 de 2005.

El Nacional. 21 de julio de 2005.

Diario Los Andes. 22 de noviembre de 2008.

DNP(Departamento Nacional de Planeación)

DANE(Departamento Administrativo Nacional de Estadistica)

RSS(La Red de Solidaridad Social).

RUPD(el Registro Único de Población Desplazada).

SIGOB-Ministerio de Educación.

SIGOB-Ministerio de Protección Social.

www.ainfos.ca .

http://www.eia.doe.gov/cabs/Colombia/images/colombia.gif .

http://www.google.co.kr/i mages?hl=ko&newwindow=1&q=fronter..colombia...

http://www.unhcr.or.kr/ .

글로벌 여성 이슈와 해결 방안:
젠더화된 생존문제를 중심으로

문 경 희

(창원대학교 국제관계학과 교수)

Ⅰ. 들어가며

본 연구는 최근 몇 십 년에 걸쳐 주요한 글로벌 이슈로 부각된 여성 문제와 그 문제를 해결하기 위한 페미니스트 학자 및 유엔을 중심으로 한 국제기구의 노력에 관해 살펴본다. 대부분의 국가에서 남성과 여성 사이의 삶의 수준 차이를 드러내는 성적 불평등이 만연해 있다. 실제 최근 들어 남녀 간의 젠더 불평등 격차가 지역에 따라 줄어들고는 있지만, 남아시아, 아프리카, 중동 지역 등에 위치한 저임금 국가에서는 그 격차가 좁혀지지 않거나 오히려 심화되고 있는 실정이다. 예를 들어, 저임금국 여성의 임금은 남성 임금의 1/3 정도 수준에 지나지 않는다. 더욱이 대다수의 여성들이 전통적인 농업 분야나 고용이 불안정한 소규모 자영업 또는 시간제 고용에 과중되어 있다. 한편, 이들 여성의 임금노동 참여는 증가하고 있는 반면 무급 가사노동의 부담은 줄어들지 않고 있다. 정치 영역에서는 2010년에 세계 국회의원 중 여성 비중은 18%에 불과하다. 다른 한편, 전체 난민들

중 70%가 여성과 그들에 의존하는 아동들이며, 여성의 20%가 아동기에 학대를 경험하였다.[1] 국제노동기구에 따르면, 70만 명에서 2백만명 사이의 여성들과 아동들이 매년 세계의 어디에선가 국경을 넘어 매매되고 있으며, 관련 산업에 매년 120-170억 달러 사이의 이윤을 창출하고 있다. 유엔에 따르면, 현재 아시아와 동부유럽의 저임금 국가의 수많은 여성들이 북미, 유럽, 아시아의 고임금 국가로 유입되어 성산업에 종사하고 있다. 이와 함께, 지난 몇 십 년 동안에 경제적 또는 결혼을 이유로 국경을 건너 다른 나라로 이주하는 여성의 수는 증가 하고 있다. 고임금 국가의 이주여성 노동에 대한 수요 증가와 함께, 저임금 국가내 고용 기회의 부재 등이 해외이주의 여성화 현상을 부추긴다고 볼 수 있다.

과거에는 이러한 여성의 문제가 주로 일국 차원에서 논의되었다면, 전지구화(또는 글로벌라이제이션, globalisation) 현상이 심화되고 있는 오늘날에는 전지구적 차원의 문제로 주목받고 있다. 즉, 여성의 문제는 더 이상 여성 개인이나 그들이 속한 가족의 문제가 아니라 그들이 속한 사회, 나아가서 국가 간의 문제로 논의되고 있다. 이는 전지구화의 부정적인 영향이 국내외 할 것 없이 모두 여성에 집중되어 나타나기 때문이다. 예컨대, 여성들은 전지구화로 인한 경제성장의 열매를 맛보기 보다는 오히려 고용의 불안정화, 가사노동의 증가, 교육과 숙련, 자원 및 정보로부터 배제 등과 같은 새로운 삶의 위협에 직면해 있다. 이러한 위협은 저임금 국가 여성들에게 더욱 심각

1) Charles W. Kegley, Jr. 저 · 오영달, 조한승, 황기식 역 (2010). *World Politics: Trends and Transformation*, 한티미디어, 서울. pp.309.

하게 나타난다. 더욱이 개인뿐 아니라 국가 간에도 심화되고 있는 부의 남북(South-North) 문제는 여성의 개발과 안보를 위협하는 핵심적인 이슈이다. 전 세계 빈곤선 이하로 살아가는 사람들의 다수는 여성이다. 따라서 절대적 빈곤 상황 속에서 자신의 잠재력을 발전시킬 기본적인 자유와 기회조차 확보할 수 없는 빈곤문제는 그 자체로 여성문제이기도 하다. 이러한 전지구적인 개발 및 안보 패러다임에서 남성에 비해 여성의 소외 현상이 심화되고 있는 데는 기존의 개발 및 안보 체제가 내재하고 있는 남성편향성과 함께 그러한 체제가 이미 젠더위계를 토대로 구성된 사회에 적용되기 때문이라고 볼 수 있다.

이런 관점에서, 본 연구는 사회구조적 차원뿐 아니라 글로벌 차원에서 여성이슈를 부각시키고, 그들의 문제를 분석 및 해결하기 위해 노력한 학계 및 국제사회, 주로 유엔의 학문적, 실천적 결실에 관해 살펴보고자 한다. 이에 대한 논의 과정에서 본 연구는 동시대 글로벌 차원에서 여성이슈에 대한 문제제기와 이후 유엔을 중심으로 한 세계여성대회에서 본격적으로 논의되기 시작한 여성과 개발에 살펴본다. 또한 이러한 논의 과정에서 새롭게 등장한 글로벌 여성이슈를 설명하고 분석하기 위한 개념 및 관점, 구체적으로 젠더평등, 여성개발, 여성안보에 대해 논의와 함께 그에 따라 설정된 주요 의제를 소개한다. 무엇보다도, 본 연구는 여성과 개발에 대한 페미니스트 학자들의 논의를 소개하고는 데 있어서, 신자유주의 개발 패러다임 하에서 저임금 국가 및 경제위기를 경험한 국가의 거시경제 안정과 경제성장을 도모하기 위해 고안된 구조조정프로그램(SAPs, Structural Adjustment Programs)을 젠더관점(GAD)에서 살펴보고, 그 속에 내

제된 '남성편향성'에 관해서도 논의한다. 궁극적으로, 본 연구는 여성이 남성과 동등하게 개발의 행위자인 동시에 수혜자가 되도록 하기 위해서는 구조조정 정책이 경제적 구조조정을 넘어서 여성을 제약하는 사회관계의 구조조정에도 초점을 두어야 한다는 점을 강조한다. 이는 시장 뿐 아니라 동시대 다양한 영역에서 발생하고 있는 여성문제 해결에 함께 적용되고 실천되어야 마땅할 것이다. 마지막으로, 본 연구는 글로벌 차원에서 논의되고 있는 여성이슈를 젠더관점에서 다룬다는 점에서 국내에서 사용되고 있는 '성' 또는 '양성'이라는 용어 대신에 국제사회에서 통용되고 있는 '젠더'라는 용어를 사용함을 밝힌다.

Ⅱ. 글로벌 정치영역에서 여성이슈의 부상

불과 20-30 여 년 전까지만 해도 글로벌 정치 연구에서 여성이 논의의 대상이 되거나 여성 문제가 비중 있게 논의된 적은 거의 없었다. 사회과학 분야에서 가장 남성 중심적이라고 알려진 국제관계학에서 다루는 내용이 주로 외교, 전쟁, 국가운영 등 소위 '고위 정치(high politics)'로 분류되는 것이었다. 이와 함께 글로벌 정치는 주로 갈등, 경쟁, 군사안보, 권력(권력의 사용 및 위협 등) 구도 하에 이해되고 분석되었다. 한편, 오래 전부터 일부 페미니스트 학자들은 글로벌 정치 구조 및 관계가 상당히 젠더화되어 있다는 점을 지적해왔다. 예컨대, 1, 2차 세계대전 전후 시점에 그들은 페미니스트 관점에서 전쟁과 평화, 또한 빈곤, 질병 등의 문제에 대해 관심을 가졌었다. 이후 1980년대부터 페미니즘 관점에서 글로벌 정치를 분석해야 한다는 목소리가 본격적으로 등장했다. 대표적으로, 페미니스트 국제관계학자인 신시아 엔로(Cynthia Enloe)를 꼽을 수 있다. 그녀는 글로벌 정치에서 "여성들은 어디에 있는가?" 라는 질문을 던지며, 글로벌 정치에 여성들은 늘 존재해왔지만 그들은 언제나 비가시적이었다는 점을 지적했다. 국내외 군부대가 주둔한 지역이나 수출자유지역 등에 존재했던 여성들이 그 대표적인 예이다. 엔로의 "여성은 어디에 있는가?"라는 질문은 한편에서는 글로벌 정치영역에 여성이 중요한 행위자로 존재하지만 그들은 논의의 대상에서 늘 제외되어 왔다는 점을 시사한다. 이는 공식적인 정치영역에서 실제 여성들이 과소 대표되어 있다는 점 또한 지적 한 것이다. 다른 한편, 엔로의 질문은 군대, 시장 등과 같은 글로벌 정치가 일어나는 장소에서 여성들은 남성과 다른 역할을 수행하며, 남성과는 다르게 그들 장소와 연계되어 있다는 점을 알려주기도 한다.[2)]

이를 예를 들어 설명하자면, 일반적으로 전쟁에 관한 논의에서 남성은 군인, 즉 여성과 어린이를 보호하는 주체적이고 능동적인 행위자로 대상화된다. 한편, 여성은 남성에 의해 보호받는 자, 그들을 기다리는 자, 또는 죽임을 당할지도 모르는 아들을 생산하는 사람, 즉 주체성이 결여된 수동적 행위자로 간주된다. 이러한 남녀에 대한 이분법적 시각은 전쟁 상황에서 여성 전사처럼 주체적이고 능동적으

2) Jan Jindy Pettman (2005), 'Gender Issues' in John Baylis and Steve Smith (eds.), *The Globalization of World Politics*(3rd edition),' Oxford University Press, New York, pp.670-672.

로 전쟁에 참여한 수많은 여성들을 무시하는 것과 다를 바 없다. 이러한 남성-여성에 대한 이분법적 시각은 그들의 삶의 전 영역에 반영되고, 성별 공사영역 분리와 함께 역할, 직종 분리, 나아가서 남녀 간 위계적 특혜와 가치 체제 형성에서도 기여한다. 결과적으로, 글로벌 정치 영역에서 여성을 가시화한다는 것은 글로벌 정치 구조가 젠더화되어 있다는 점과 함께 젠더관계가 곧 권력관계라는 점을 알려준다. 이런 맥락에서, 페미니즘은 여성의 경험이 남성의 그것과 체계적으로 다르며, 모든 사회적 관계는 젠더화되어 있다고 주장한다. 그러므로 페미니스트 학자들은 글로벌 정치 연구에서 여성에 대한 논의는 필수적이라는 점을 강조한다.

이러한 논의는 학계뿐 아니라 글로벌 여성운동, 나아가서 유엔을 비롯한 국제기구 등에 확산되어 여성문제 분석과 해결방안 모색을 위한 이념적 토대 형성과 현실적 대안 마련에 반영되었다. 한편, 글로벌 정치영역에서 여성과 젠더관계에 대해 상대적으로 일찍부터 논의되어 왔던 주제는 여성과 개발(development)에 관한 것이다. 1970년부터 페미니스트 학자와 시민사회 활동가들은 여성이 발전의 전 과정에서 배제 및 소외를 경험하고 있다는 점을 지적했다. 노동자로서, 기업가로서, 또한 가족 생산체계 내 수행하는 여성의 역할이 간과된다는 점과 함께 여성은 종종 남성중심적인 개발 과정에서 토지와 다른 자원 사용의 권리를 침해받는다는 점이 문제로 제기되었다. "유엔여성 10년"(1976-1985) 동안여성의 삶과 여성이 직면한 차별 등에 관한 광범위한 자료와 함께 발전이 남녀에게 미치는 상반된 효과에 대한 자료 또한 대거 생산되었다. "유엔여성 10년" 동안에 세 차례에 걸친 유엔세계여성회의가 개최되었고, 멕시코 시티(1975), 코펜하겐(1980)에 이어서 세 번째로 개최된 나이로비(1985) 회의에서 제3세계 여성에 초점을 맞춘 평화, 정의, 개발 등의 주제가 주요하게 논의되었다. 이 과정에서 발전에 여성을 통합시켜야 한다는 '개발에 여성을'('Women in Development, WID)'가 새로운 분야로 부상되었다. WID 논의에서 이후 젠더와 개발(Gender and Development, GAD)논의로 확산된 국제 정치경제적 맥락에서의 여성과 개발에 대한 논의는 다음 절에서 자세히 소개된다.

Ⅲ. 여성과 개발 논의

(신)자유주의 구조조정 정책에 대한 페미니스트의 비평, 특히 여성과 개발의 관계를 보는 관점에 따라 크게 세 가지, WID, WAD(Women and Development), GAD 접근으로 구분할 수 있다.[3)]먼저 '여성을 개발에 통합' 시켜야 한다는 WID 비평가들은 저임금국가의 개발 프로젝트에 여성들이 배제되어 있음을 지적했다. 예를 들어, 에스터 보즈럽(Ester Boserup)은 1970년에 자신의 경험적 연구에 바탕을 둔 저서 '경제개발에서 여성의 역할'(Women's Role in Economic Development)을 통해 동남아시아와 아프리카 여러 국가들이 국가 경제 개발과정에서 유입되는 신기술 및 자본을 남성들에

3) Susan Schech and Jane Haggis (2000). *Culture and Development: a critical introduction*, Blackwell, Oxford.

게만 집중 분배함으로서 여성들을 개발과정에서 심각하게 배제하고 있다는 점을 밝혔다.[4)] 보즈럽은 국가 주도로 전개되는 '위로부터의' 개발 프로젝트를 통해 '아래의' 여성들이 자동적으로 개발의 혜택을 경험하기 어렵다고 주장했다. 그렇기 때문에 그녀는 국가의 개발담당자들(주로 남성들)이 여성들을 교육 및 직업 훈련에 남성들과 동등하게 참여시킴으로서 여성들도 개발의 혜택을 함께 누리도록 해야 한다는 점을 강조했다. 이러한 보즈럽의 여성과 개발에 대한 선구자적인 연구는 '여성을 개발에 통합'시켜야 한다는 페미니스트의 WID 전략의 모체가 되었다. 이후 WID는 "유엔여성 10년"의 중요한 이론적 근거가 되었다.

WID 접근이 교육 및 고용을 통해 고립된 여성들이 개발과정에 적극적으로 참여해야 한다는 점을 처음으로 강조한 점에도 불구하고, 몇 가지 문제점을 드러냈다. 대표적으로, WID는 전 세계 자본주의 축적체제에 내제되어 있는 젠더차별적인 구조에 대한 비판 없이 기존 체제에 여성들을 통합해야 한다고 주장함으로서, 여성의 빈곤에 대해 관심이 있지만 여성에 대한 구조적인 억압에 대해서는 외면했다는 비판을 받았다.[5)] 이러한 견해는 근대화주의에 대한 비판으로 등장한 종속이론을 따르는 페미니스트들에 의해 제기되었고, 이들이 WAD 접근의 대표적 주창자이다. 마리아 마이즈(Maria Mies)는

4) Ester Boserup (1970). *Women's Role in Economic Development*, George Allen and Unwins, London.

5) Laura Beneria and Gita Sen (1986). 'Accumulation, reproduction, and women's role in economic development: Boserup revisited', in E. Leacock and H. I. Safa (eds), *Women's Work: development and the division of labour by gender*, Bergin & Garvey, Massachusetts:141-157.

종속이론적 페미니스트의 대표격으로 알려져 있다. 마이즈는 그녀의 저서 '나사푸르의 운동화 끈 만드는 사람들'(The Lace Makers of Narsapur)을 통해서 여성이 개발과정에서 배제되어 있다는 WID의 주장이 옳지 않다는 점을 주장했다. 즉 마이즈는 인도의 한 시골 지역인 나사푸르에서 선진국의 다국적 기업의 운동화 끈을 만드는 여성들에 대한 실증적 연구를 통해 그들 여성이 이미 자국의 자유무역을 통한 경제개발과정에 노동자로서 참여하고 있다는 점을 지적했다. 다만 여기서 문제가 되는 것은 그 여성들이 고임금 국가의 백인 남성들이 경영하는 초국적 기업의 국제분업체제 내에 편입되어 저임금 노동자로 착취 받고 있다는 것이다. 마이즈는 저임금국가의 여성들이 개발과정에서 주변화 또는 배제되는 근본적 이유는 전지구적 자본주의와 가부장제의 상호결합(global capitalist patriarchy) 때문이라고 설명했다. 이와 같이 마이즈를 포함한 WAD, 즉 종속이론적 페미니스트들은 여성에 대한 불평등을 초국적 자본주의적 축적과정에서 생기는 '계급' 불평등의 일부로 간주했다. 또한 WAD 접근은 저임금국가의 여성들을 '가난하고' '유약하며', 고임금국가의 도움이 필요한 이미지로 일반화 한 WID 옹호자들에 관해서도 문제를 제기했다.[6)]

WAD 접근은 개발과정에서 발생하는 젠더불평등의 문제를 초국적 자본주의 계급체제에 의한 젠더 분업으로 분석했지만, 그들의 논의는 전통적 마르크스 이론가들처럼 젠더 문제를 계급에 대한 고정불변인 하위 모순으로 다루었다. 그 결과 같은 계급 내에 존재하는

---

6) 위 저자와 동일

남녀 불평등의 문제나 생산 노동이 아닌 재생산 영역에서의 불평등한 젠더관계에 관해서는 크게 관심을 갖지 않았다. 또한 이들의 접근은 WID 접근처럼 여성을 하나의 공통분모로 묶어서 봤기 때문에, 여성 내부에 존재하는 인종, 계급, 문화 차이 등에 관해 주목하지 않았다. 이와 같은 WID와 WAD 접근의 문제점을 염두에 두고 일부 페미니스트들은 새로운 GAD 접근을 주창했다. 사회주의 페미니즘에 사상적 토대를 두고 저임금국가(제 3세계)의 풀뿌리 여성운동 단체(대표적으로 DAWN: Development Alternatives with Women for a New Era)들에 의해 제기된 GAD 접근은 여성의 지위가 그들의 물질적 조건 뿐 아니라 국가, 지역, 나아가 전 지구적 경제여건에 따라 결정된다고 주장했다.[7] 또한 GAD 접근은 가족, 커뮤니티, 국가의 가부장적 권력 질서가 여성의 지위에 상당한 영향을 준다는 점을 인식했다. 그러므로 GAD 접근 옹호자들은 여성과 개발을 연구할 때 여성의 물질적 조건과 계급, 그리고 여성의 종속을 규정짓고, 유지하는데 기여하는 가부장적 구조와 사상에 함께 주목해야 한다는 점을 강조했다.

나아가 GAD 접근은 개발과정 속에서 여성을 지원하는 수단을 설계할 때 여성에게만 초점을 맞출 것이 아니라 여성의 종속에 초점을 맞추되 사회적으로 구성된 남녀 관계, 즉 젠더 관계에 초점을 맞출 것을 강조했다.[8] 이는 GAD 옹호자들이 여성과 개발의 문제를 사회

---

7) Eudine Barriteau, 2000. 'Feminist Theory and Development: Implications for Policy, Research and Action', in Edited by Jane L. Parpart, M. Patrica Connelly, and V. Eudine Barriteau, M. Partica Connelly, Tania Murray Li, Martha MacDonald, and Jane L. Parpart, *Theoretical Perspectives on Gender and Development*, Ottawa: International Development Research: Chapter 4.

관계 속의 불평등한 권력관계(예, 부자-가난한 사람, 여성-남성) 때문에 여성들이 개발과정에 전적으로 참여할 수 없다고 여겼기 때문이다.[9] GAD 접근의 궁극적 목표는 최고 의사결정과정에 여성과 남성이 동등한 대표성을 가지고 지속가능한 발전을 도모하는 것이다. 다른 한편, 위의 WID와 WAD 접근과는 달리 GAD 접근은 모든 남성에 비해 모든 여성이 젠더에 따른 노동 분업, 자원 접근 및 통제 등에서 상대적인 불평등을 경험하지만, 여성들 중에서도 계급, 인종, 종교, 나이 등에 따라 경험하는 불평등의 정도는 다르다는 점을 지적했다. 이런 맥락에서 GAD 접근에서는 주어진 문화 내에서 여성의 지위를 결정짓는 젠더, 계급, 인종 등의 구조적 요인에 대한 변화를 요구한다. 이렇게 여성의 종속적 지위에 도전하는 시도는 GAD의 전략적 젠더요구로 불려진다. 그 정책영역에는 성별 노동 분업, 권력 및 통제와 관련 있고, 법적 권리, 가정폭력, 동일임금, 자기 신체 통제권 등이 포함된다(캐롤린 2002).[10] 이러한 전략적 젠더 요구에는 여성에게 주어진 불평등한 구조를 없애기 위해서 개발과정에 여성이 단순한 수혜자가 아니라 직접 개발을 수행하는 '행위자'(agent)로 참여해야 한다는 요구도 포함된다. 그동안 WID 전략을 수용하고 있던 국제연합 산하 여성관련 기구 및 여성 비정부기구(NGOs)는 WID 접

8) Susanne Schech and Jane Haggis, pp.214.

9) GAD 접근 옹호자들은 여성 뿐 아니라 남성들 간에도 지배적 남성성을 가지지 않은 일부 남성들(예, 축적된 자본이 없는 남성, 또는 동성애자)도 개발에서 소외되고 있다고 지적한다.

10) GAD 접근은 전략적 젠더요구 이외에 실질 생활에서 생활조건의 부적절성에 관심을 갖는 실질적 젠더요구가 있다. 실질적 젠더요구의 정책영역에는 물, 보건, 고용 등과 같은 인간적 생존을 추구하는 이슈들이 포함된다(캐롤린 모저 2000)

근의 문제점을 보완해서 등장한 GAD 접근을 채택하기 시작했다. 이는 특히 제1995년에 북경에서 개최된 제 4차 세계여성대회에서 주요하게 채택되었다. 글로벌 여성이슈 논의에서 가장 중요하게 다뤄지는 이 대회에 대한 전반적인 설명과 그 중요성 등은 다음 절에서 소개된다.

Ⅳ. 제 4차 북경여성대회

그동안 여러 차례에 걸쳐 개최된 유엔 세계여성회의 중에 가장 큰 규모로 열린 회의이자 동시대 여성문제 논의에 큰 전환점이 된 회의로 제 4차 북경여성대회를 꼽을 수 있다. 전 세계 각지의 3만 명 이상의 여성들이 참가한 이 대회에서는 젠더평등, 개발, 평화 등의 이슈들이 중점적으로 논의되었다. 또한 이전 시기부터 국제사회에서 논의되어 왔던 여성의 권리에 대한 논의가 이 회의에서 '여성의 권리는 인권(Women's Rights are Human Rights)'이라는 포괄적 여성인권에 대한 개념으로 소개되었다. 그리고 회의 참가자들은 21세기 여성발전 전략과제로 제시된 '북경여성행동강령(Beijing Platform for Action)'을 채택하였다(<표 2> 참조). 행동강령에는 생물학적인 성(sex) 개념에 근거한 남녀라는 용어보다 사회적으로 구성된 성적 차이를 내포한 젠더(Gender)라는 용어가 새로운 개념으로 명시되었다. 젠더평등을 위해 전략적 목표 수립과 구체적 행동이 요구되는 과제 12개가 선정되었는데 이에는 빈곤, 교육과 훈련, 건강, 폭력, 무력분쟁, 경제, 권력 및 의사결정과정에서의 여성, 여성향상을 위한 제도적 장치, 인권, 미디어, 환경, 여아(child girls)가 포함되었다.

〈표-1〉 유엔 세계여성회의의 흐름

구분	연도	장소	주요 기조
제1차	1975	멕시코 시티	- '세계여성의 해' 지정 - "유엔여성10년(1976~1985)" 선포 - "평등·발전·평화"를 주제로 선정
제2차	1980	코펜하겐	- 유엔여성 10년 중간평가 - 유엔여성 10년 후반기 사업계획 채택 - "교육·고용·보건"을 주제에 추가로 선정
제3차	1985	나이로비	- 유엔여성 10년 사업 종합평가 - '2000년을 향한 나이로비 여성발전 미래전략'
제4차	1995	북경	- 나이로비 여성발전 전략 검토 및 평가 - "평등·발전·평화를 위한 북경여성행동강령" 채택
	2005	뉴욕	- 유엔 제49차 여성지위위원회를 통해 북경여성대회+10특별회의 개최, (제5차 세계여성회의는 개최하지 않기로 결정) - 북경여성행동강령 10년 이행평가 - 각 대륙별로 정부최고위급 평가회의 개최(아태지역 2004년 9월 개최) - 각 대륙별로 NGO Forum 개최 (아태지역 2004년 7월 개최) - 밀레니엄개발정상회의+5(2005년 9월 개최예정)와 여성이슈 결합
	2007 ~2010		- 제5차 세계여성회의 개최 위한 노력 진행 중

〈표-2〉 북경여성행동강령의 구성

구성	내용	조항
제1장	임무(Mission Statement)	1항~5항
제2장	체계(Global Framework)	6항~40항
제3장	주요관심 분야(Critical Areas of Concern)	41항~44항
제4장	전략목표와 행동과제 (Strategic Objectives and Actions) ① 여성과 빈곤 ② 여성의 교육과 훈련 ③ 여성과 건강 ④ 여성에 대한 폭력 ⑤ 여성과 무력분쟁 ⑥ 여성과 경제 ⑦ 권력 및 의사결정과정에서의 여성 ⑧ 여성향상을 위한 제도적 장치 ⑨ 여성의 인권 ⑩ 여성과 미디어 ⑪ 여성과 환경 ⑫ 여아	45항~285항
제5장	제도적 장치(Institutional Arrangements)	286항~344항
제6장	재정적 조치(Financial Arrangements)	345항~361항

1995년 북경 세계여성대회에서 제시된 전략목표를 이행하기 위해 제시된 12개 분야별 행동과제 실천을 위한 정책 방향 및 전략은 이후 2000년 북경+5, 2005년 북경+10, 2010년 북경+15 등의 회의를 통해 지속적으로 논의 및 점검되고 있다. 특히 2005년 회의에서는 2000년 유엔 특별총회에서 채택된 '밀레니엄 개발목표(MDGs, Millenium Development Goals)'에서의 여성과제 등이 포함되었다. 8개의 구체적 항목으로 구분된 MDGs에는 빈곤, 교육, 환경, 질병과 같이 여성을 포함한 포괄적인 인간 개발과 안보 주제뿐 아니라 '젠더 평등 촉진과 여성 임파워먼트,' '모성보호' 등의 여성과 직접적으로 연계된 개발, 안보 목표가 설정되었다는 점 또한 글로벌 여성문제 해

결을 위한 유엔 차원의 노력을 엿볼 수 있다. 그리고 2005년 북경+10 회의에서는 유엔 회원 국가가 지난 10년 동안 이행한 성과를 정리하고, 법과 제도, 정책상의 성과, 그리고 여성정책 이행을 위한 여성정책 전담기구 설립 및 예산의 변화 등도 평가되었다.

한편, 북경 세계여성대회를 통해 젠더평등성(gender equality), 젠더주류화(gender mainstreaming), 여성의 임파워먼트(empowerment) 등의 개념이 정교하게 다듬어졌다. 이를 간단히 살펴보면, 첫째 젠더평등성은 남성과 여성이 정치, 경제, 사회, 문화 등 삶의 모든 영역에서 동등한 참여를 보장받고 동등한 지위에서 동등한 권리와 이익을 향유하는 것을 의미한다.[11] 이때 평등성은 여성과 남성이 똑같아야 한다는 의미가 아니다. 즉, 평등성은 여성과 남성이 각기 다른 삶의 조건을 가졌다는 점에 따라 대우를 공정하게 해야 한다는 의미이다. 이는 남녀에 대한 동등한 대우를 의미하기도 하고, 또는 권리, 혜택, 책임, 기회 측면에서 대우가 다르다 하더라도 그 수준은 비슷해야 한다는 것을 내포한다. 젠더평등성을 증진시켜야 한다는 주장에는 두 가지 이유가 존재한다. 첫 번째는 남녀간 동등한 권리, 기회, 의무를 지닌다는 평등성의 문제는 인권과 사회적 정의의 문제라는 것이다. 두 번째 이유는 남녀간의 더 나은 평등성은 지속가능한 평화와 안보, 인권보호와 함께 지속가능한 인간중심적 개발을 가능케 하는 수단이자 그 자체가 목표이기 때문이다.

둘째로, 젠더주류화는 1995년 북경여성세계회의에서 젠더평등의

11) 전재성 (2006). "인간안보와 여성안보: 동아시아에서의 여성안보 논의," 국제관계연구, 제 11권 2호, pp87-117. (pp.93).

실현을 위해 여성정책 전략 중 하나로 채택되었다. 이후 젠더주류화는 전 세계적으로 급속히 확산되어 오늘날 일부 소수 국가를 제외한 대부분의 국가에서 주요 여성정책 전략으로 활용되고 있다. 젠더주류화에 대한 정의는 누가 정의하느냐에 따라 그 내용에 약간의 차이가 있지만, 일반적으로 통용되는 젠더주류화의 개념은 '모든 정책분야와 과정에서 성인지적 관점을 반영하기 위하여 정책과정과 구조를 평가하고 재구조화하는 것'이라고 할 수 있다.[12] 젠더주류화 전략을 실현하기 위한 주요도구와 방법론에는 여성정책기구, 젠더평등국가계획, 정책의 젠더분석, 젠더인지적인 통계, 젠더예산, 정책담당자의 젠더의식 훈련 등이 포함된다. 정부내 여성정책기구 설치와, 시기별 젠더평등 국가계획 수립은 젠더주류화 전략을 채택한 대부분의 국가들이 가장 먼저 실시한다.

셋째, 여성 임파워먼트는 여성에게 자신의 삶에 영향을 미치는 결정이나 이슈를 통제할 수 있는 권한을 부여한다는 개념이다. 이는 여성이 의사결정 기구에 대표성을 가지는 것이며, 자원의 분배에 대한 통제권을 가진다는 의미를 내포한다. 이러한 임파워먼트는 기본적인 자유를 정의하고 실행함에 있어서 여성들을 행위자이자 참여자로서 강조한다. 이러한 상향식 접근은 여성이 더 이상 보호받는 대상이 아니라 자신의 이익과 필요를 증진시키기 위해 더 능동적안 역할을 수행하도록 하기 위함이다. 이러한 임파워먼트 개념은 국제사회에서 여성의 개발과 권리 보호 등을 위해 중요하게 대두된 인간안보의 목표를 달성하기 위한 기초 틀로 제안되기도 했다.[13]

---

12) 조영희 (2008). "성주류화의 집행유형에 관한 연구," *한국정책학회보*, 17(3): 291-317.

인간안보에 대한 논의는 글로벌 정치의 안보 논의가 '국가중심적인' 좁은 개념에서 탈피해서 포괄적인 인간안보의 개념으로 확장되어야 한다는 관점에서 제기된 것이다. 즉, 국가를 중심으로 보는 안보는 오늘날에는 인간의 자유와 인권의 일부에 불과하며, 더욱이 핵무기로 인한 대량 살상의 위협에서 국가 또는 지구를 지키는 것 이외에 일상생활에서 안보를 추구하는 평범한 사람들에 대한 정당한 관심이 외면되는 결과를 초래했다는 것이다. 이런 점에서, 유엔 개발계획(UNDP)은 다음과 같이 두 가지 측면에서 인간안보에 대한 정의를 내린다. 인간안보는 첫째 "기아, 질병, 억제와 같은 고질적인 위협으로부터 안전을 의미한다," 둘째 "집이건, 직장이건, 공동체이건 간에 일상 속에서 갑작스럽고도 해로운 붕괴로부터의 보호를 의미한다."[14] 이런 맥락에서, 인간안보의 준거 대상은 국가가 아닌 개인이고, 위협의 유형에는 군사위협에서 확장 된 국가 내부 및 국가 간 갈등, 빈곤, 이주, 환경, 민족 또는 종족 공동체, 보건 등이 속한다. 또한 이러한 위협의 근원은 전지구화의 결과로서 심화되고 있는 상호의존성, 정치적 · 경제적 불평등과 불안정성을 들 수 있다.

인간안보의 개념은 유엔 세계여성회의와 다양한 국제회의 등을 통해 여성개발, 여성인권 개념과 함께 결합되어 논의되었고, 결과적으로 이러한 노력 끝에 여성안보와 관련된 포괄적인 주제가 1995년 북경 세계여성대회의 12가지 행동과제에 반영되었다. 이러한 요구에 대응해서, UNDP의 경우에는 아래와 같은 구체적인 계획을 만들

---

13) 임운택 (2006). "글로벌 젠더정치: INGO와 글로벌 거버넌스," *젠더와 사회*, pp.121-144. (pp. 134).

14) 전재성 (pp.148).

어서 실행하고 있다.

① 가난 제거, 고용 창조 및 지속가능한 생계, 환경의 재생산, 좋은 정부 등의 서로 다른 분야와 젠더 문제의 분석을 연결시킴

② 국가적으로 인간개발 보고서 준비

③ 유엔회의 및 규약, 베이징 선언과 행동강령, 여성에 대한 모든 형태의 차별철폐에 관한 협약에 뒤따르는 것들을 이와 통합시킴

④ 결정과정에서 여성에의 권리부여

⑤ 분석적/정책적 틀과 젠더 평등성 지수를 개발

⑥ 정부 및 시민사회기구를 위한 능력 배양

⑦ 연결망, 후원자, 그리고 공적인 인지도를 늘림

유엔의 경제사회업무부(Department of Economics and Social Affairs)의 경우에는 북경 세계여성대회 이후 매해 5년마다 '<세계의 여성: 경향과 통계>(The World's Women: Trends and Statistics)'를 출판하고 있다. 이는 북경행동강령이 발표된 이후 글로벌 여성문제 해결 진척 상황을 점검하고, 또한 유엔이 국제사회에 여성문제의 중요성을 지속적으로 부각시키고자 고안되었다는 점에서 주목할 필요가 있다. <세계의 여성: 경향과 통계>는 인구, 가족, 건강, 교육, 일, 권력과 의사결정, 여성에 대한 폭력, 환경, 빈곤 등 여성의 삶에 중요한 영역 별로 자료를 제공하고 있다. 가장 최근인 2010년에 발간된 위 보고서는 북경여성대회 이후 15년 기간 동안에 글로벌 여성의 지위가 대체로 나아지고는 있으나, 지역에 따라 그 정도가 다르게 나타난다는 점을 지적한다. 더욱이 아프리카 및 아시아, 중동 등 일부 지

역에서는 여성의 지위 향상이 거의 이루어지지 않고 있다는 점도 기술되었다. 이 보고서의 주요 내용을 영역별로 요약한 것이다.

〈*The World's Women 2010*〉

1) 인구와 가족

- 2010년의 세계 인구는 약 70억 명이며, 이는 1950년대에 비해 약 3배 증가한 것이다.
- 전 세계적으로 여성에 비해 남성 인구가 약 57백만명 더 많지만, 그러나 대부분의 국가에서는 남성인구가 여성인구가 더 많다.
- 세계인구에는 '젠더 나선(gender spiral)'이 존재하는데, 이는 나이가 어릴수록 여아보다 남아가 많이 존재하지만, 나이가 많을수록 남성보다 여성이 수적으로 많다는 점이다. 이는 인구분포도가 높은 중국과 인도 등 일부 지역에서 출생시 남아 선호이 여전히 존재한다는 점고 여성의 평균 수명이 남성보다 높기 때문이다.
- 세계 대부분의 지역에서 출산률은 지속적으로 감소하고 있지만, 여전히 아프리카 등 일부 지역에서는 여전히 높게 유지된다.
- 평균 수명은 지속적으로 증가하고 이고, 특히 남성보다 여성의 수명이 점점 더 길어지고 있다.
- 국제 이주가 증가하고 있다. 최근에는 여성의 이주가 급격히 증가했으며, 일부 지역에서는 여성 이주가 남성 이주를 능가하고 있다.
- 여성의 결혼 연령은 높아지고 있고, 이는 남성 또한 마찬가지이다.

- 가정 내에서 남성에 비해 여성의 임금 강도는 비교할 수 없을 정도로 높으며, 일부 국가에서는 그 간격이 급격히 줄고 있기도 하다.

2) 건강

- 전 세계 모든 지역에서 여성이 남성보다 오래 산다.
- 아프리카에서 남녀 5명 중 2명은 전염 및 기생충으로 인한 질병에 의해 사망한다.
- 남성에 비해 더 많은 여성이 순환기 질환에 의해 사망하는 경향이 나타나는데, 이는 특히 유럽에서 흔히 일어난다.
- 전 세계적으로 암 질병 중에 여성은 유방암, 남성은 폐암으로 인해 가장 많이 사망한다.
- 사하라이남 아프리카, 북아프리카 및 중동아시아 지역에서 HIV 양성 인자를 가진 사람 중 대다수는 여성이다.
- 2005년 기준 출산 중 사망한 대다수의 여성은 저임금 국가 출신이다.
- 전 세계에서 아프리카의 유아사망률은 비록 나아지고는 있다고 하지만 여전히 가장 높다.

3) 교육

- 전 세계 774백 만 성인 문맹자 중에 2/3이 여성이다.
- 전 세계적으로 아동의 문자 해독률은 약 89%에 이르고, 남녀 간의 격차는 약 5% 정도 존재한다.
- 소녀와 소년의 초등학교 등록률 격차는 전 세계적으로 감소되고 있으나, 여전히 소녀의 등록률은 낮다.

- 72백 만 명의 학생이 초등학교를 다니지 않고 있으며, 그 중에 54%에 해당하는 39백 만 명이 소녀이다.
- 중고등학교 등록률은 상승하고 있지만, 여전히 일부 국가에서는 소녀의 등록률이 낮다.
- 대학을 포함한 고등교육에서 여성의 진학률은 남성보다 높아졌으나, 사하라이남 아프리카, 동아시아 및 서아시아에서는 여전히 여성의 진학률이 낮다.
- 대학에서 여성들은 과학, 기술 분야에 과소 집중되어, 주로 보건, 교육, 복지, 사회과학, 인문학 등에 과대 집중되어 있다.
- 전 세계적으로 여성 과학자의 비중은 1/4를 조금 넘고 있으며, 이는 과거에 비해 나아지고는 있지만 여전히 젠더 균형과는 거리가 멀다.
- 인터넷 사용 및 접근성은 과거에 비해 나아지고는 있지만, 여전히 저임금 국가에서는 남녀 디지털 격차는 좁혀지지 않고 있다.

4) 지불노동과 부불노동

- 전 지구적으로 여성의 노동시장 참여는 지난 1990년에서 2010년까지 20년 동안 큰 변화 없이 유지되어 왔다. 반면 남성의 노동시장 참여율은 같은 기간에 다소 줄어들었다. 2010년 기준 전 세계 여성의 노동시장 참여율은 52%, 남성은 77%로 남녀 간 노동시장 참여율의 차이는 여전히 크게 존재한다.
- 여성들은 대다수가 서비스 분야에 고용되어 있고, 그 비중은 지속적으로 증가하고 있다.
- 아프리카, 아시아 등에서 취약한 고용에 속하는 자영업 또는 가

족이 운영하는 영세 산업에 여성들이 집중되어 있다.

- 저임금국 비공식 노동 영역에 남녀 모두 분포되어 있지만, 여성이 더 많이 집중되어 있다.
- 지구상의 모든 국가에서 남녀 간 임금 격차가 존재한다. 저임금 국가의 경우 여성은 남성 임금의 오직 1/3 정도 밖에 받지 못하고, 고임금 국가의 경우에도 여성의 임금은 남성 임금의 60-90% 수준에 머물러 있다.
- 시간제 고용에 여성이 집중되어 있다.
- 여성은 남성에 비해 적어도 2배 이상의 가사노동을 하고 있다. 임금노동과 부불노동을 모두 고려했을 때, 여성이 남성보다 훨씬 더 많은 시간 노동을 하고 있다.
- 지구상 약 반 정도의 국가에서 기간의 차이는 있지만 여성의 출산휴가를 보장하고 있다. 5개 국가 중 2개 국가에서는 유급 출산휴가를 보장하고 있지만, 법과 실행 사이에 격차가 존재하는 국가도 상당수이다. 또한 여성들 모두가 유급 출산휴가의 혜택을 받을 수 있는 것은 아니다.

5) 폭력

- 여성에 대한 폭력은 전 지구적으로 나타나는 공통적 현상이다.
- 여성은 가정 안과 밖 모든 영역에서 다양한 유형의 폭력, 즉 신체적, 물리적, 심리적, 경제적 폭력에 종속되어 있다.
- 여성 중에서 일생에 신체적 폭력을 적어도 한 번 이상 당하는 비중이 지역에 따라 적게는 한 자리 수에서 많게는 59%까지 나타난다.

- 여성에 대한 폭력을 보여주는 통계는 현실을 보여주는 데 한계를 가지는데, 통계적 정의나 분류 등의 작업에 더 많은 노력이 요구된다.
- 여성에 대한 폭력 중에 가장 해로운 것으로 꼽히는 여성 성기할례는 조금씩 줄어들고 있는 추세이다. 그러나 여전히 기니아, 이집트, 에리트리아와 같은 국가에서는 거의 100% 여성들이 할례를 당하고 있다.
- 지구상의 상당수 국가의 여성들이 남편의 폭력을 정당하다고 받아들이고 있다.

6) 환경

- 사하라이남 아프리카 지역 농촌지역의 절반 이상의 가구와 도시 가구의 약 1/4 정도가 마실 물을 제대로 공급받지 못하고 있으며, 물 공급의 대부분의 책임이 여성에게 부과되어 있다.
- 사하라이남 아프리카와 동남아시아 국가 대부분의 가구는 굴뚝이나 후드 장치가 설치되어 있지 않은 전통적인 방식의 화덕이나 열린 공간에서 고체연료를 사용하여 요리를 하고 있다. 이때 발생되는 일산화탄소 등의 가스에 여성들이 무방비로 노출되어 있어서 건강을 악화시킨다.
- 환경과 관련된 고위급 정책결정에 여성이 참여하는 비중이 낮다.

7) 빈곤

- 어린 아동이 있는 여성 가구주는 어린 아동이 있는 남성 가구주에 비해 훨씬 더 가난하다.

- 전 세계 어디에서나 혼자 사는 여성이 혼자 사는 남성보다 더 가난한 경향이 있다.
- 고임금 국가 고령 인구 중에서 여성이 남성보다 더 가난하다.
- 아프리카 및 아시아의 대부분의 국가에서 여성의 토지 소유권 및 다른 종류의 재산권을 보장해주지 않는다.
- 저임금 국가의 남성이 여성에 비해 현금 소득을 많이 벌고, 기혼 여성 중에 상당 비율이 그들의 현금 소득 지출에 대한 결정권을 가지고 있지 않다.
- 저임금 국가의 기혼 여성들은 가정 내 소비, 지출에 대한 의사결정에 참여하지 않고 있다.

한편, 북경여성대회의 GAD 관점 및 젠더주류화 전략은 경제개발, 즉 신자유주의 구조조정 프로그램을 지휘하는 경제기관 중 하나인 세계은행 등에도 영향을 주었다.[15] 세계은행은 1990년대 중반까지 개발과정에서 나타나는 젠더이슈에 대해 지속적인 관심을 보이지 않았다. 하지만 북경 여성대회 이후, 특히 2000년대로 접어들면서 세계은행이 지원하는 개발 프로그램에 젠더주류화 전략을 반영하기 시작했다. 이는 2002년도에 발간된 세계은행의 'the World Bank Gender Mainstreaming Strategy'와 세계은행이 매해 발간하는 세계개발보고서(World Development Reports)에서 빈곤이슈 분석과 정책에 젠더를 반영한 것으로 잘 드러난다. 하지만 여전히 세계은행의

15) Susan Schech and Sanjugta Vas Dev (2007). Gender justice: the World Bank's new approach to the poor?, *Development in Practice*, 17(1):14-26

개발 프로그램이 제안하는 신자유주의 경제 구조조정 정책이 여성의 실업 감소 및 자원 접근성 확대 등으로 연계되고 있지 않기 때문에 결과적으로 여성들은 여전히 개발에서 소외 또는 주변화 되고 있다는 비판을 받는다.[16) 이는 위 보고서의 내용, 즉 신자유주의 구조조정 프로그램을 채택한 국가가 상당수 위치한 아프리카, 아시아 지역에서 여성의 삶의 영역, 특히 경제・노동영역에서 그들의 삶이 남성에 비해 여전히 척박하다는 점을 통해서도 알 수 있다. 이런 비판을 제기한 일부 페미니스트 경제학자들은 신자유주의 구조조정의 경제정책에 내재된 '남성 편향"(male bias)에 대해 초점을 맞춘다. '남성 편향'에 대한 논의는 다음 절에서 구체적으로 살펴본다.

Ⅴ. 신자유주의 구조조정 정책과 '남성 편향'

신자유주의 구조조정 정책은 국민총생산, 국제수지, 효율성, 생산성과 같은 거시경제적 개념들로 표현되며, 이것은 어떠한 젠더적 함의도 갖지 않는 것처럼 보인다. 하지만 다이안 엘슨(Diane Elson)은 구조조정 정책이 젠더 중립적인 것으로 보이지만, 그 개념 속에는 '남성 편향'이 내포되어 있다고 지적했다.[17) 이때 '남성 편향'에서 편향은 '남성과 여성을 각각 다른 젠더 집단으로 볼 때, 남성에게 우호

16) Diane Elson and Nilufer Cagaray, (2000). The Social Content of Macroeconomic Policies , *World Development*, 28(7):1347-1364

17) 다이앤 엘슨 (1998a). '생존 전략에서 변혁 전략으로: 여성의 욕구와 구조조정', 다니엘 엘슨 외, *발전주의 비판에서 신자유주의 비판으로: 페미니즘의 시각*, 도서출판 공감, 서울: 105-136.

적이지만 여성에게 우호적이지 않게 작동하지 않는 성향'으로 정의내릴 수 있다. 엘슨은 구체적으로 구조조정 정책에 개념적으로 은폐된 '남성 편향'을 세 가지로 구분했다. 이는 노동의 젠더 분할과 관련된 '남성 편향', 인적 자원의 생산 및 유지에 필요한 무급 가사노동과 관련되는 '남성 편향', 거시경제를 구성하는 기본 단위로 간주되는 가구와 관련된 '남성 편향'이 그것이다.18)

첫 번째로, 노동의 젠더 분할과 관련된 '남성 편향'은 대부분의 구조조정 프로그램이 교역 가능한 상품의 수출 확대를 목표로 한다는 것과 관련이 있다. 일반적으로 제조업의 수출 확대를 통한 경제개발 정책은 구조조정 국가에 노동 집약 산업이 확대되는 것을 의미한다. 이들 산업은 주로 여성노동 집중 산업인 의류, 섬유, 전자 산업 등으로 대표되는데, 이로 인해 여성의 공장노동이 증가하는 현상이 나타난다. 이와는 반대로 이들 국가에서 남성들이 전통적으로 종사하던 건축이나 상업 등은 오히려 축소되는 경향이 있다. 대개 남성들이 여성 집중 직종에서 일하는 경우는 그다지 많지 않기 때문에 구조조정으로 인해 이전보다 남성 실업이 증가하기도 한다. 하지만 실직 남성들이 여성들의 무급 가사노동을 대체하는 경우는 드물기 때문에 결국은 구조조정으로 인해 여성들의 노동 부담이 증가한다는 것이다. 그러므로 엘슨은 '구조조정은 여성이 이미 하고 있는 유급 및 무급 노동에 새로운 종류의 유급 노동을 부담함으로써 진행되는 것은 아닌가' 하고 질문을 던진다.19)

---

18) 다이앤 엘슨, (1998b). 보론: 구조조종에서 남성 편향, 다니엘 엘슨외, 다니엘 엘슨 외, *발전주의 비판에서 신자유주의 비판으로: 페미니즘의 시각*, 도서출판 공감, 서울: 137-166. (pp.140-147).

두 번째 '남성 편향'은 구조조정 정책이 인적 자원의 재생산 및 유지 과정에 필요한 무급 노동을 고려하지 않는 것과 관련 있다. 즉 구조조정 정책은 그동안 여성에 의해서 무급으로 수행되던 가사, 돌봄 노동이 지속적으로 계속될 것이라고 암묵적으로 가정함으로써 여성에 반하는 고정된 개념적 편향을 갖게 된다. 이러한 '남성 편향'에 대해 엘슨은 여성의 무급 노동이 무한정 탄력적이지 않다는 점을 지적한다. 즉 여성이 과도하게 인적 자원의 재생산 및 유지를 위해 노동을 한다면 이는 여성의 건강 악화 등을 초래할 수 있다는 말이다. 더욱이 무급/유급 노동을 이중으로 수행하는 여성의 경우에는 두 가지 노동에 대한 시간 배분의 갈등으로 인해 여성 자신 뿐 아니라 자녀, 가구의 해체에 큰 영향을 끼칠 수 있다는 점도 지적되었다.[20] 다른 한편, 엘슨은 경제정책 논의에서 중요하게 언급되는 '비용', '생산성', '효율성' 등의 용어들이 모호하다는 점을 지적했다. 이는 경제학자들이 '효율성 증진'으로 간주하는 것이 유급경제에서 무급경제로의 비용의 전가를 초래하는 경우가 발생하기 때문이다. 예를 들어, 경제학자들은 환자가 병원에 있는 시간의 감소를 병원의 효율성 증진으로 간주하겠지만, 사실 그것은 환자의 간호 비용을 유급 경제에서 무급 경제로, 즉 병원에서 집으로 전가한 것일 뿐이라는 것이다. 이로 인해, 가계에서 환자를 돌보는 여성의 무급 노동은 증가할 수밖에 없다. 그러므로 엘슨은 '구조조정이 여성이 해야 하는 무급 노동의 양을 증가시킴으로써 진행되는 것은 아닌가' 하고 질문을 던

19) 다이앤 엘슨, (1998b). (pp.142).
20) 캐롤린 모저, 2000. *여성정책의 이론과 실천*, 문원출판, 서울.

진다.[21)]

마지막으로 세 번째 '남성 편향'은 구조조정 정책들이 가구를 거시 경제를 구성하는 기본 단위로 간주하고, 가구(household)를 중심으로 자원을 배분하고, 반대로 가구가 노동을 공급하는 사회기관이라고 여기는 것과 관련 있다. IMF나 세계은행과 같은 신자유주의 구조조정 프로그램을 주도하는 기구들은 가구를 구조조정의 충격을 흡수하는 제도로 생각하는 한편, 가구 내에서 자원이 어떻게 배분되고 향유되는지, 또는 인적자본에 대한 투자가 어떻게 결정되는지에 관해서는 그다지 관심이 없다. 하지만 이미 알려진 바와 같이, 가구는 젠더에 따른 갈등과 불평등이 구조화되어 있는 곳이다. 즉 가구 내에서 가사, 돌봄 노동의 책임이 여성에게 불평등하게 부과되어 있고, 여성이 남성과 동등한 의사 결정 권한을 가지지 못하며, 더욱이 자원에 대한 동등한 소유권 및 통제권을 가지지 못한다. 이로 인해, 구조조정 과정에서 저소득층 가구의 소득이 감소할 경우 젠더 불평등한 자원배분 때문에 남편보다 아내, 아들보다 딸이 구조조정의 충격을 더 심각하게 받을 수 있다. 이러한 현상은 구조조정의 사회적 측면을 실증적으로 연구한 일부 학자들에 의해 활발히 논의된 바 있다.[22)] 그

21) 다이앤 앨슨, (1998b). (pp.142).

22) 예를 들어, 짐바브웨의 경험을 연구한 리펜버그(Riphenburg, 1996)는 구조조정에 기간에 가구의 교육과 보건비용 감소가 아들보다 딸의 기회를 더욱 제약하는 경향이 있다고 밝혔다. 또한 공공기관이 가구를 기준으로 공적원조 또는 노동 기회를 제공할 경우에 주로 남편들에게 원조와 고용 기회가 주어졌다고 한다. 하지만 남편에게 주어진 공적원조나 노동보상이 가구 전체를 위해서 소비되지 않는 현상이 발생했는데, 이는 상당한 수의 남편들이 원조나 임금을 음주나 도박을 위해 소비하는 경우가 허다했기 때문이다. 이러한 문제는 다른 가족 일원의 영양실조를 초래하기도 하고, 남편의 가정폭력, 나아가 가족이 해체되는 상황이 발생하기도 했다고 한다. Carol Riphenburg (1996) ‘The gender-differentiated impact of structural

러므로 엘슨은 '구조조정이 여성에게 필요한 자원은 부여하지 않으면서 가구 내에서 여성의 책임만 가중시키는 것은 아닌가' 하는 의문을 제기한다. 결과적으로 구조조정 과정에서 발생하는 충격을 흡수하는 것은 여성이라는 의미를 내포한다.[23)]

위에서 제시된 신자유주의 구조조정의 개념에 내재되어 있는 세 가지 '남성 편향'성 이외에 엘슨은 구조조정 방법에 내재되어 있는 ' 남성 편향'을 지적한다.[24)] 이는 신자유주의 구조조정 정책이 시장의 자유화와 국가의 시장 개입 축소를 강조하는 것과 관련 있다. 일반적으로 국가는 여러 법, 제도, 국가이념 등을 통해 사적, 공적 영역에서 남성의 우위를 보장하는데 주요한 역할을 한다.[25)] 다른 한편, 국가의 시장 개입을 최소화 하려는 구조조정 정책프로그램은 공기업의 민영화 및 국가의 공공 부문 서비스의 지출과 비용 삭감을 요구한다. 일반적으로 국가가 제공하던 공공 부문 서비스의 최대 수혜자는 시장의 생산 노동과 가구의 재생산 노동의 이중적 부담을 지고 있는 여성이다. 즉 양육, 의료, 교육과 같은 공공 부문의 서비스가 없다면 여성은 시장에서 남성과 비슷한 조건으로 경쟁하기 힘들다. 이런 맥락에서 여성과 복지국가를 연구하는 학자들은 여성에게 선택은 국가에 대한 종속과 독립 사이에 있는 것이 아니라, 국가에 대한 종속과

---

adjustment on political expression and employment in Zimbabwe', *Asian and African Studies*, 5(2):197-219.

23) 다이앤 엘슨, (1998b). (pp.143).

24) 다이앤 엘슨, (1998b). (pp.144).

25) Sassoon, A. S., 1986. 'Women's new social role: contradictions of the welfare state', in A. S. Sassoon (ed.), *Women and the State: the shifting boundaries of public and private*, Routledge, London:158-90.
Sylvia Walby (1990). *Theorising Patriarchy*, Blackwell, Oxford.

남성에 대한 종속 사이에 있다는 점을 지적한다. 그러므로 엘슨은 공공 부문 구조조정에서 필요한 것은 지출과 비용의 무조건적 삭감이 아니라 오히려 공공 부문 서비스의 우선순위 조정과 및 공공 부문과 서비스 사용자의 종속 관계의 변화라고 주장한다. 이러한 배려 없이 구조조정을 위한 수단으로 시장력 만을 강조하는 것은 결국 '남성 편향'적이라는 것이다.26)

결과적으로 엘슨은 신자유주의 구조조정 프로그램이 금전적 이익을 창출하는 생산경제 분야에만 집중하고, 비금전적인 재생산 경제 분야를 외면하기 때문에 경제의 한 단면만을 보는 정책을 입안, 시행한다고 비판한다. 구조조정 정책의 이러한 외골수적인 면은 여성의 무보수 재생산 노동을 전제로 하는 전통적인 남녀 노동 분업에 근거하기 때문에 '남성 편향'적일 수밖에 없다는 것이다. 그러므로 엘슨은 여성의 욕구에 적합한 구조조정 전략은 경제적 구조조정을 넘어서 여성을 제약하는 사회관계의 구조조정에 초점을 두어야 한다는 것이다. 이러한 엘슨의 주장은 젠더평등한 개발을 위해서 자본주의의 물질적 조건뿐 아니라 가구, 직장, 국가의 가부장적 권력 질서에 대한 변화를 주장하는 GAD 접근에 타당성을 더해준다. 하지만 이러한 GAD 접근이 현실적으로 거시 경제개발 정책에 반영되지 못하고 있는 실정이라는 것을 앞에서 지적한 바 있다. 특히 경제위기를 겪고 단시간 내에 신자유주의 구조조정 프로그램을 통해 거시 경제안정과 개혁을 단행하는 국가에서 구조조정의 사회적 측면이 부각되기는 더욱 어렵다. 이에 대한 일례로 다음 절에서 신자유주의 구조조정

26) 다이앤 앨슨, (1998b). (pp.144).

과정에 전개되는 고용조정의 사례를 살펴보겠다.

Ⅵ. 신자유주의 고용 구조조정 정책 결과

노동시장 구조조정에서 가장 핵심적인 신자유주의 정책은 노동시장에서 고용, 임금 등의 유연성 증대에 초점을 맞춘다. 임금 유연성을 증대한다는 것은 구조조정의 경제적 부담을 고용주와 고용인이 함께 분담한다는 차원에서 구조조정 기간에 고용인의 임금을 삭감한다는 것을 의미한다. 구조조정 기간에 임금 유연성 전략이 여러 기업에 의해 주요하게 채택되지만, 신자유주의 노동정책은 고용의 유연성 확보를 더욱 강조하는 경향이 있다. 신자유주의 정책에서 고용의 유연성은 주로 고용의 양적인 유연성, 즉 경제여건의 변화에 따라 노동력을 용이하게 고용 또는 퇴출할 수 있는 유연성을 의미한다.[27] 이러한 고용의 유연성을 확보하기 위해 고용주는 유연한 형태의 노동력을 선호한다. 이때 유연한 형태의 노동력은 임금 수준이 상대적으로 낮고, 불안한 경제 여건에 쉽게 대응할 수 있으며, 잦은 고용변화에도 노동분쟁을 일으키지 않는 다는 특징을 가진다. 유연한 형태의 노동력을 가진 사람들은 주로 비정규 노동자인데, 왜냐하면 그들은 시간제 또는 기간제로 고용되고, 정규직에 비해 고용혜택을 적게 받고, 노동권을 거의 가지지 못하기 때문이다.[28]

---

27) Guy Standing (2002.). *Beyond the New Paternalism: basic security as equality*, Verso, London. ___, 1999. ‘Global feminisation through flexible labour: a theme revisited’, *World Development*, 27(3):583-602.

페미니스트 경제학자 베네리아(L. Beneria)는 미국의 경험을 통해 양적인 유연성 확대에 초점을 둔 노동시장 구조조정의 결과를 다음과 같이 일곱 가지로 요약했다.[29] 첫째, '핵심'(독립 기업)의 고용이 감소하고 '주변부'(하청 또는 용역 기업)의 고용이 확대되었다. 둘째, 기업의 인력 감소에 초점을 맞춘 구조조정으로 인해 기업 내 연령 또는 경력에 따른 위계구조가 사라지고, 기술이나 자질에 따른 새로운 위계질서가 형성되었다. 이때 핵심적인 기술이나 자질을 가진 인력이 '핵심' 기업에 주로 고용된다. 셋째, 정규-비정규 고용 간의 고용혜택과 권리 차원에서 양극화가 심화됐다. 넷째, 고용의 비정규직화와 분산화(하청화, 용역화)로 인해 실업 및 저고용(underemployment)이 증가하는 등 고용이 불안정 해졌다. 다섯째, 위의 현상의 결과로 노동자 간의 임금 및 고용 기회의 불평등이 심화되고, 이러한 불평등이 장기적으로 고착화되는 경향이 나타났다. 여섯째, 불안한 고용여건으로 인해 고용인들의 기업에 대한 충성심 및 일에 대한 사명감이 감소했다. 마지막으로 일곱째, 유연성이 높은 고용 전략 때문에 기업은 인력 모집 및 퇴출이라는 대조적인 고용행위를 동시에 하고 있다.

요약하자면, 노동력의 유연화 및 분산화는 고용의 질과 안정에 여러 가지 부정적인 영향을 준다. 이러한 부정적인 영향에는 고용의 안정성 감소, 실업 및 저고용의 증가, '핵심'-'주변부' 기업 간, 그리고 '정규'-'비정규' 노동자 간의 양극화 현상 등이 포함된다. 특히 위와

28) Smith, V., (1997). 'New forms of work organisation', *Annual Review of Sociology*, 23: 315-339.

29) Laura Beneria (2001). "Shifting the risk: new employment patterns, informalisation, and women's work," *International Journal of Politics*, Culture, and Society, 15(1):27-53.

같은 기업과 고용 지위에 따른 노동자 간의 분화 현상은 노동조합의 약화를 초래한다. 결국 노동자 간에 존재하는 임금과 고용기회의 불평등은 유연성을 강조하는 노동시장에서 장기적으로 고착화되는 결과를 초래하여 노동자 간의 양극화 현성이 심화된다. 베네리아가 미국의 경험을 중심으로 요약한 위의 특징은 1997년 이후 신자유주의 고용조정을 전개한 한국에서도 현재 나타나는 현상이다. 다른 한편, 위와 같은 신자유주의 고용조정의 결과를 '노동의 여성화'(feminization of labor)로 보는 견해가 있다. 처음 무역자유화와 국제분업 등으로 인한 여성들의 고용증가를 나타내기 위해 '노동의 여성화'라는 용어가 사용되었다. 이는 여성의 고용 증가가 산업화를 통한 고용창출의 결과일 뿐 아니라, 여성이 남성고용을 대체하기 때문에 생기는 결과이기도 하다는 의미이다. 하지만 남성의 일을 대체하는 여성은 주로 비정규 고용조건, 즉 노동시장에서 퇴출이 언제든지 가능하고, 노동자의 고용권이 보장되지 않는 열악한 조건하에서 이루어지는 경향이 있다. 그렇기 때문에 '노동의 여성화'는 오늘날의 산업화가 여성의 고용에 전적으로 의존해서 전개되고 있는 것을 말하며, 이는 산업기지 내 모든 고용여건의 퇴보, 다시 말하자면, 고용여건이 여성노동자들이나 받아들일만한 비정규 형태로 전환되고 있다는 주장이다.[30)]

이와 더불어 여기서 한 가지 주목해야 할 사실은 앞에서 설명한 신자유주의 구조조정의 거시경제정책에 포함된 고용정책도 젠더 중립

---

30) Guy Standing (1989). 'Global feminisation through flexible labour', *World Development*, 17(7):1077-95.

적으로 보이지만 '남성 편향'성을 은폐하고 있다는 것이다. 신자유주의 고용정책은 신고전 경제학이 주장하는 인적자본론을 이론적 근거로 한다. 인적자본론은 노동을 다른 물리적 자원처럼 무성적인 자원으로 간주한다. 즉 인적자본론은 불평등한 젠더구조 속에서 형성되는 여성의 '생애주기'와 성별화 된 노동 분화를 전제로 한 '비교우위' 개념을 중심으로 형성되었다. 그러므로 노동의 공급 측인 가구나, 수요 측인 고용주가 합리적인 경제적 선택을 통해 인적자원에 대한 투자 및 고용 여부를 결정한다고 주장하는 인적자본론은 가구와 노동시장 내 팽배한 젠더 불평등으로 인해 형성, 유지되는 남녀의 노동 분화를 고려하지 않는다. 이런 점에서 가구나 고용주의 인적자본에 대한 선택이 반드시 합리적이지만은 않다는 것이다. 결과적으로 인적자본론에 근거를 둔 무성적인 신자유주의 노동정책은 결국 여성 차별적인 '남성 편향'을 내재하고 있고, 그러한 정책에 바탕을 둔 고용조정이 엘슨이 주장하듯이 사회관계, 즉 젠더관계에 대한 구조조정 없이 진행된다면 결국은 여성에게 불리하게 작용할 수밖에 없다. 이는 노동시장의 주요 행위자인 정부, 기업, 남성 노동자들이 경제위기와 구조조정의 충격을 완화하기 위해 여성에게 주어지는 불이익을 직간접적으로 조장 또는 간과할 수 있다는 의미이기도 하다.

Ⅶ. 나오며

실제 경제위기와 경제 구조조정을 경험한 미국과 유럽 여러 나라,

그리고 한국을 포함한 동아시아, 남미, 아프리카의 국가에서 경기침체와 구조조정의 부정적인 영향이 여성에게 집중적으로 전가된 것으로 나타났다. 이는 앞서 논의했듯이, 이미 젠더화된 사회에 '남성편향성'을 내재한 구조조정프로그램이 도입된 결과이다. 뿐만 아니라, 이들 국가에서 거시경제 정책에 따라 경제 구조조정은 단행했지만, 여성을 제약하는 사회관계의 구조조정에 대한 노력은 전혀 없었기 때문이다. 결과적으로, '남성편향'이 내재된 구조조정 프로그램이 국제 개발 패러다임의 핵심적인 거시경제 정책이라는 점에서 본다면, 이는 곧 여성개발의 제한된 성공 또는 실패의 원인이 된다.

전지구화가 심화되고 있는 동시대에 각국의 여성은 과거에 직면하지 않았었던 내·외부로부터의 새로운 기회와 위협의 공존 속에 살고 있다고 해도 과언이 아니다. 그것이 기회가 되느냐 위협이 되느냐는 젠더뿐 아니라 여성 개인이 가진 다양한 정체성과 관심에 따라 결정되겠지만, 그럼에도 불구하고 자유 시장체제 및 군사주의 등을 중심으로 전개되고 있는 전지구화는 남성에 비해 여성에게 더 많은 책임과 부담을 지우고 있는 것은 사실이다. 더욱 문제가 되는 것은 전지구화로 인해 심화되고 있는 젠더불평등에 대해 개별 국가 차원에서 단독적으로 해결책을 찾기가 더욱 어려워지고 있다는 점이다. 이 때문에, 학계 및 시민사회 등을 중심으로 한 여성운동이 글로벌 차원에서 여성문제에 대한 해답을 찾고자 노력은 더욱 활발해지고 있다. 즉, 다양한 배경을 가진 전 세계 여성들이 글로벌 젠더 거버넌스의 주체적인 행위자로 활동하고 있으며, 국제사회에 그들의 영향력을 확대하기 위해 노력하고 있다.

결과적으로, 현재까지 세계여성회의를 비롯한 다양한 국제회의에서 젠더불평등을 초래하는 이념, 구조, 제도 등을 규명하고 그것을 해결하기 위한 다양한 관점 및 접근법이 제시되었다. 예를 들어, 여성개발, 여성안보, 여성인권 등의 상호보완적인 개념들이 소개되었으며, 그러한 개념 틀 내에서 젠더평등 정책의 방향과 전략이 수립되고 있다. 즉, 젠더평등성이 글로벌 규범이자 가치로 전 세계에 확산되고 있음과 동시에 그러한 규범과 가치를 실현하기 위한 젠더평등 정책 또한 개별 국가로 확산되고 있는 추세이다. 그러나 과거에 비해 최근 글로벌 정치영역에서 여성이 중요한 정치 주체이자 행위자로 부상되었다고는 하지만 여전히 여성을 중심으로 한 이슈나 페미니스트 관점은 부차적으로 다루어지고 있음을 상기할 필요가 있다. 글로벌 정치영역에서 자유 시장체제 확산을 목표로 한 경제 논의 및 힘을 중심으로 한 국가 단위의 안보 논의가 여성 개발 및 안보, 권리 논의보다 훨씬 더 지배적이다. 이런 맥락에서, 글로벌 정치영역에서 여성 이슈의 주류화가 절실히 요구된다. 이와 함께, 개별 국가 차원에서 젠더평등 규범, 가치 및 정책의 현실화 및 그를 통한 젠더화된 사회구조 및 사람들의 인식 개선이 함께 이뤄져야 할 것이다.

참고문헌

다이앤 엘슨 (1998a). '생존 전략에서 변혁 전략으로: 여성의 욕구와 구조조정', 다니엘 엘슨 외, *발전주의 비판에서 신자유주의 비판으로: 페미니즘의 시각*, 도서출판 공감, 서울: 105-136.

다이앤 앨슨, (1998b). 보론: 구조조종에서 남성 편향, 다니엘 엘슨외, 다니엘 엘슨 외, *발전주의 비판에서 신자유주의 비판으로: 페미니즘의 시각*, 도서출판 공감, 서울: 137-166. (pp.140-147).

임운택 (2006). "글로벌 젠더정치: INGO와 글로벌 거버넌스," *젠더와 사회*, pp.121-144.

전재성 (2006). "인간안보와 여성안보: 동아시아에서의 여성안보 논의," *국제관계 연구*, 제 11권 2호, pp87-117.

조영희 (2008). "성주류화의 집행유형에 관한 연구," *한국정책학회보*, 17(3): 291-317.

캐롤린 모저, 2000. *여성정책의 이론과 실천*, 문원출판, 서울.

Carol Riphenburg (1996) 'The gender-differentiated impact of structural adjustment on political expression and employment in Zimbabwe', *Asian and African Studies*, 5(2):197-219.

Charles W. Kegley, Jr. 저 · 오영달, 조한승, 황기식 역 (2010). *World Politics: Trends and Transformation*, 한티미디어, 서울. pp.309.

Diane Elson and Nilufer Cagaray, (2000). The Social Content of Macroeconomic Policies , *World Development*, 28(7):1347-1364

Ester Boserup (1970). *Women's Role in Economic Development*, George Allen and Unwins, London.

Eudine Barriteau, 2000. 'Feminist Theory and Development: Implications for Policy, Research and Action', in Edited by Jane L. Parpart, M. Patrica Connelly, and V. Eudine Barriteau, M. Partica Connelly, Tania Murray Li, Martha MacDonald, and Jane L. Parpart, *Theoretical Perspectives on Gender and Development*, Ottawa: International Development Research: Chapter 4.

Guy Standing (2002.). *Beyond the New Paternalism: basic security as equality*, Verso, London.

___________, (1999). 'Global feminisation through flexible labour: a theme revisited', *World Development*, 27(3):583-602.

__________, (1989). ‘Global feminisation through flexible labour’, *World Development*, 17(7):1077-95.

Jan Jindy Pettman (2005), 'Gender Issues' in John Baylis and Steve Smith (eds.), *The Globalization of World Politics*(3rd edition),' Oxford University Press, New York, pp.670-672.

Laura Beneria (2001). "Shifting the risk: new employment patterns, informalisation, and women’s work," *International Journal of Politics*, Culture, and Society, 15(1):27-53.

Laura Beneria and Gita Sen (1986). ‘Accumulation, reproduction, and women’s role in economic development: Boserup revisited’, in E. Leacock and H. I. Safa (eds), *Women’s Work: development and the division of labour by gender,* Bergin & Garvey, Massachusetts:141-157.

Sassoon, A. S., 1986. ‘Women’s new social role: contradictions of the welfare state’, in A. S. Sassoon (ed.), *Women and the State: the shifting boundaries of public and private*, Routledge, London:158-90. Walby, Sylvia, 1990. *Theorising Patriarchy*, Blackwell, Oxford.

Smith, V., (1997). ‘New forms of work organisation’, *Annual Review of Sociology*, 23: 315-339.

Susan Schech and Jane Haggis (2000). *Culture and Development: a critical introduction,* Blackwell, Oxford.

Susan Schech and Sanjugta Vas Dev (2007). Gender justice: the World Bank's new approach to the poor?, *Development in Practice*, 17(1):14-26

Sylvia Walby (1990). *Theorising Patriarchy*, Blackwell, Oxford.

제2부

인권, 지구 온난화, 민주주의

유엔 인권제도의 형성·발전과 북한인권

김 수 암

(통일연구원 북한인권연구센터 소장)

Ⅰ. 서 론

제2차 세계대전이 종료된 후 세계의 평화를 보장하기 위한 집단안보 체제 구축 필요성에 따라 유엔이 출범하였다. 유엔 출범 시 평화와 집단안보가 주된 영역으로 출범하였지만 인권에 대한 관심도 반영되고 있다. 국제사회는 홀로코스트의 학살을 경험하면서 보편적 가치로서의 인권의 보호와 증진을 위한 규범과 제도적 장치들이 필요하다는 것을 인식하게 되었다. 이러한 인식을 반영하여 유엔의 역할과 활동의 핵심 영역의 하나로 인권의제가 자리매김할 수 있었다. 유엔은 회원국들과의 공조를 통해 인권의 내용과 범위를 정하고 이를 규범화하며 인권보호 활동을 수행할 수 있는 제도들을 마련하여 왔다. 이와 같이 유엔은 인권 향상을 위한 규범과 제도를 구축하는 여정을 거치면서 인권보호와 증진의 구심적 역할을 수행하여 왔다. 인권 보호와 증진을 위한 유엔 인권제도의 형성과 발전은 크게 인권과 관련한 선언과 협약, 인권관련 회의 및 감시 기제, 인권보호를 위한 구제절차로 대별할 수 있다.

인권보호와 증진을 위한 노력은 유엔헌장에 담겨 있다. 그리고 1948년 12월 10일 제3차 유엔 총회에서 세계인권선언이 채택되었다. 이후 국제사회는 '선언'의 법적 구속력과 실천력을 강화하기 위한 노력을 기울여 왔다. 즉, 국제인권규약이나 협약의 제정을 통해 세계인권선언의 법적 구속력을 구체화하는 노력을 지속하여 왔다. 유엔 인권위원회는 1954년 국제인권규약 초안을 완성하여 총회로 회부하였다. 총회는 12년간의 논의를 거쳐 1966년 12월 16일 시민적·정치적 권리에 관한 국제규약, 경제적·사회적·문화적 권리에 관한 국제규약을 채택하였다. 국제인권규약은 35번째 국가가 비준서를 기탁한 지 3개월이 경과한 다음 발효한다는 규정에 따라 경제적·사회적·문화적 권리에 관한 국제규약 1976년 1월 3일, 시민적·정치적 권리에 관한 국제규약이 1976년 3월 23일 각각 발효되었다. 유엔헌장, 세계인권선언, 시민적·정치적 권리에 관한 국제규약, 경제적·사회적·문화적 권리에 관한 국제규약은 인권 보호와 증진을 위한 유엔 규범 창출의 모태가 되고 있다.

그리고 유엔은 이러한 규범을 토대로 인권보호와 증진 역할을 실행에 옮기기 위해 헌장에 기반한 기구(Charter-based bodies), 조약에 기반한 인권기구(Treaty-based bodies)들을 조직하여 운영하여 오고 있다. 또한 인권보호와 증진을 위한 국제사회의 관심을 제고하고 각성시키며 보다 나은 인권보장 장치를 마련하기 위해 인권 관련 국제회의를 개최하여 오고 있다. 대표적 인권회의로 1966년 4월 이란 테헤란에서 개최된 국제인권회의(International Conference on Human Rights), 1993년 비엔나에서 개최된 세계인권회의(World Conference on Human Rights), 1995년 9월 베이징에서 열린 세계여성회의(World Conference on Women), 2001년 8월 남아프리카 더반에서 열린 '인종주의, 인종차별, 외국인 혐오 및 이와 관련된 불관용 철폐를 위한 세계회의' 등을 들 수 있다.

이 글에서는 인권보호와 증진을 위한 규범 제정 및 제도화 과정, 그 과정에서의 주요 쟁점들을 살펴보고자 한다. 그리고 현재 국내외적 관심사안으로 대두되고 있는 북한인권문제에 대한 유엔의 보호 및 감시 활동, 그리고 주요 쟁점에 대해 분석보고자 한다.

Ⅱ. 헌장에 기반한(Charter-based bodies) 인권기구

1. 유엔인권위원회(Commission on Human Rights)와 소위원회(Sub-Commission on the Promotion and Protection of Human Rights)

세계인권선언이 채택되기 이전부터 유엔은 인권을 보호하기 위한 제도적 장치를 마련하기 시작하고 있다. 유엔 차원의 최초의 인권기구는 유엔인권위회이다. 유엔인권위원회는 1946년 유엔헌장 제68조의 인권신장을 위한 위원회 설치 규정, 경제사회이사회 결의 제5호 및 제9호 등에 의거하여 설립되었다. 인권위원회는 경제사회이사회가 지리적 배분에 입각하여 선출하는 임기 3년의 53명의 정부 대표로 구성되었다. 유엔 인권위원회는 인권기준의 설정(각종 인권협약과 선언초안 마련), 인권의 증진(기술원조, 홍보, 교육, 연구 등의 계몽적 활동), 인권의 보호(회원국이 제출한 인권보고서 검토 평가 심의 및 권고 등의 조치) 등을 주요 임무로 하고 있다.

유엔인권소위원회는 1947년 유엔인권위원회 결정에 따라 산하기관으로 설립되었다. 매 2년마다 인권위원회에서 선출되는 임기 4년의 26명의 위원으로 구성되었다. 이들 위원들은 지역안배의 원칙에 따라 각 회원국 정부의 지명에 의해 선출되지만 개인적으로 활동하고 있다. 유엔인권소위원회는 각종 인권 관련 선언 및 협약 초안 마련하는 임무를 수행하고 있다.[1)]

유엔인권소위원회가 전문성을 지닌 개인 자격의 위원으로 구성되어 정치적으로 자유로운 반면 인권위원회는 정부를 대표하는 이사국으로 구성된다는 점에서 정치적 성격을 지니는 기구라고 인식되고 있다.

2. 유엔인권이사회(Human Rights Council)

유엔 인권위원회는 그동안 국제사회의 인권을 보호하고 증진하는데 커다란 역할을 수행하여 왔다. 그러나 유엔인권위원회 운영 과정에서 적용 형평성 문제가 지속적으로 제기되어 왔다. 제3세계와 개발도상국들은 유엔인권위원회가 정치적 힘이 미약한 국가들의 인권문제만을 선별적으로 다루는 등 정치화되었다고 비판하여 왔다. 또한 인권탄압국이 인권위원회의 이사국으로 선출되는 등 인권위원회 이사국 구성에 대해 비판적 시각이 제기되어 왔다. 이러한 문제점들을

1) 나영주, “유엔과 인권: 인권보호와 증진을 위한 유엔의 노력과 개혁,” 『UN과 평화: UN 창설 60년 회고와 전망』 (서울: 서울평화상문화재단, 2007).

극복하기 위해 유엔 인권제도의 개혁 필요성이 제기되어 왔다. 특히 전 유엔 사무총장 코피아난은 유엔인권위원회의 개혁 필요성을 강하게 제기하였다. 코피아난 사무총장은 2005년 59차 유엔총회에 제출한 "보다 확대된 자유(In Larger Freedom: Towards Development, Security, and Human Rights for All, A/59/2005)"라는 사무총장 보고서에서 인권이사회의 창설을 제의했다.

유엔 총회는 2006년 4월 3일 인권위원회를 개혁하는 유엔 총회 결의안(A/RES/60/251)을 채택하였다. 동 결의에 따라 유엔 차원의 인권보호 활동을 강화하기 위하여 경제사회이사회 산하 유엔인권위원회를 대체하는 총회 산하 유엔인권이사회가 신설되었다. 인권이사회는 안전보장이사회, 경제사회이사회 등과 마찬가지로 이사회(council)라는 명칭을 갖는 총회 산하의 기구로 그 지위가 승격된 되었지만 실제로 다른 이사회급 기구와 유사한 권한을 가진 기구로 편제되지는 못하였다. 인권이사회는 47개 이사국으로 구성되는데, 인권위원회와 마찬가지로 지역별 안배 원칙에 따라 구성된있다. 지역별 구체적 이사국 안배 현황을 살펴보면 아프리카 13개국, 아시아 13개국, 동유럽 6개국, 라틴아메리카 및 캐리비안 8개국, 서유럽 및 기타 7개국이다.

그리고 유엔인권위원회를 보조하는 유엔인권소위원회가 구성되어 운영되어 왔듯이 인권이사회 결의안 1/5에 따라 유엔인권이사회를 보조할 자문위원회(Human Rights Council Advisory Committee)가 설립되었다. 자문위원회는 구 유엔인권위원회 산하 인권소위원회를 대체하는 기관으로서, 인권보호 및 증진 관련 연구, 인권이사회에 조언과 자문 제공 등의 기능을 담당하는 씽크 탱크로서의 역할을 수행하고 있다. 18명의 전문가로 구성되는 유엔인권이사회 자문위원회는 유엔인권소위원회와 마찬가지로 개인 자격으로 활동하도록 되어 있다. 이들 위원들은 인권이사회와 마찬가지로 지역별 안배 원칙에 의해 선출되고 있다. 지역별 구체적 위원 안배 현황을 살펴보면 아프리카 5개국, 아시아 5개국, 동유럽 2개국, 라틴아메리카 및 캐리비안 3개국, 서유럽 및 기타 3개국이다.

〈표-1〉 유엔 인권위원회와 인권이사회의 비교

구분	인권위원회 (CHR)	인권이사회 (HRC)
지위	경제사회이사회(ECOSOC) 산하기관	유엔 총회(GA) 산하 기관 (subsidiary organ)으로 격상
이사국 구성	53개국(아시아 12, 아프리카 15, 라틴 아메리카 11, 동유럽 5, 서유럽 및 기타)	47개국(아시아 13, 아프리카 13, 라틴 아메리카 8, 동유럽 6, 서유럽 및 기타 7)
선출 방법	ECOSOC에서 지역그룹별 다득표 순으로 선출 - 지역그룹별 승인(endorse) 가능 - 위원국 자격요건 없음	192개 총회 회원국의 절대 과반수로 선출 - 자발적 공약(Voluntary Pledges and Commitments) - 총회 투표 2/3로 이사국 자격박탈 가능
개최 빈도	연 1회: 6주 (매년 3월-4월) 특별회기 가능	준상설화: 연중 최소 3회, 총 10주 이상 이사국 1/3 요청으로 특별회기 가능
임무 및 기능	- 인권규범의 제정(Standard-Setting) 및 이행 (Implementation) - 국가별(Country-Specific), 주제별(Thematic) 인권상황에 대한 조사와 모니터링 - 특별절차(Special Procedures) - 정부에 대한 자문 및 기술협력 (Technical Assistance/ Cooperation)	- 유엔 시스템 내 인권의 주류화 및 효과적 조정 - 인권침해 상황에 대한 즉각적인 대처 - 주제별 인권이슈에 대한 대화의 장 - 인권교육, 역량강화, 국제협력 등의 증진 - 보편적 정례검토 제도(UPR) 도입 - 기존 인권위원회의 임무 및 기능에 대한 검토

출처: 이금순·김수암, 『국제사회의 인권개선 전략: 이론과 실제』(서울: 통일연구원, 2008), p. 11.

3. 보편적 정례검토(Universal Periodic Review: UPR)

유엔 인권이사회에서는 보편적 정례검토 제도를 새롭게 도입하였다. 그동안 유엔인권위원회는 후술하듯이 인권유린 상황이 심각한 일부 국가에 대해 서방 국가들이 중심이 되어 선별적으로 인권상황을 비판하는 국가별 결의안 제도를 운영하여 왔다. 그런데 국가별 인권결의안 채택 제도는 선별적이라는 비판과 함께 인권유린 국가에 대해 일방적으로 권고를 제기하는 제도라는 비판이 제기되어 왔다. 이로 인해 인권유린 국가의 참여가 적절하게 보장되지 못함으로써 인권유린 국가가 비협조적 자세를 보이는 것이 일반적인 현상이었다. 보편적 정례검토 제도는 선별적이라는 비판을 수용하고 유엔 회원국 모든 국가를 대상으로 인권상황을 검토하도록 규정하는 동시에 대상국가의 참여를 원칙으로 새롭게 도입하였다. 특히 대상국가의 참여 속에 국가별 인권이행 상황을 검토하고 이를 토대로 유엔인권고등판무관실을 통한 인권 자문이나 기술지원 등을 권고하도록 되어 있다.

이와 같이 보편적 정례검토제도는 적용(coverage)의 보편성과 해당국가의 참여를 규정하고 있다는 점에서 유엔 인권위원회의 인권보호와 개선전략과 가장 질적으로 다른 차이라고 할 수 있다. 유엔총회 결의안에 따라 유엔 인권이사회는 2007년 6월 18일 제5차 회의에서 보편적 정례검토제도의 일반적인 틀, 구체적인 절차의 운영방식 및 내용 등을 자세하게 규정한 '인권이사회 제도구축(Institution-building of the United Nations Human Rights Council, A/HRC/RES/5/1)' 결의안을 채택했다. 검토의 주기(Periodicity)와 차례

(Order of the Review)로서 모든 유엔 회원국은 4년 주기로 검토를 받도록 되어 있다. 현재 유엔 회원국은 192개국이므로 4년 동안 모든 회원국의 인권상황을 검토하기 위해서는 매년 48개 국가를 검토해야 한다. 제도구축 결의안 1/5에 따라, 보편적 정례검토를 위해 작성되는 문서는 검토 대상국가가 작성하는 국가보고서와 유엔인권고등판무관실이 작성하는 2개 보고서 등 크게 3가지로 규정되어 있다.[2)]

4. 특별절차(Special Procedures)

특별절차는 인권위원회에 의해 설립된 제도로 인권이사회에서도 승계되고 있다. 특별절차는 인권보호와 보장을 위한 국제적 인권 메커니즘의 중요한 부분을 구성한다. 특별절차의 위임소관(mandate)은 크게 특정국가나 영토를 대상으로 하는 국가 위임소관(country mandate)과 주요 사안별 인권 유린 현상을 대상으로 하는 주제별 위임소관(thematic mandate)으로 대별된다. 그리고 이러한 위임소관 사항을 구체적으로 이행하면서 인권 유린에 대해 감시, 검토, 조언, 보고를 하는 역할을 수행하는 위임소관 수행자(mandate holder)를 임명하고 있다. 특별절차의 임무를 수행하는 위임소관 수행자는 특별보고관(Special Rapporteur), 사무총장 특별대표(Special Representative of the Secretary- General), 사무총장 대표(Representative of the Secretary-General), 독립전문가(Independent Expert) 등 '개인'과 '실무그룹(Working Group)'으로 구분된다. 실무그룹은 일반적으로 각 지역으로부터 한명씩 5명으로 구성되고 있다. 현재 인권이사회의 특

2) 이금순·김수암, 『국제사회의 인권개선 전략: 이론과 실제』, pp. 15-21.

별절차에 따라 33개의 주제별 보고관과 8개 국가별 보고관이 위임업무를 수행하고 있다.

인권이사회 결의안 1/5의 부록에 따르면 보고관은 전문성, 위임분야에서 경험, 독립성, 공평성, 인적 고결성, 객관성을 기준으로 임명되도록 규정되어 있다. 또한 보고관은 국가 대표 자격이 아니라 개인적인 책무를 지고 활동하도록 되어 있다. 이에 따라 특별절차의 위임소관 수행자들은 독립성을 가지고 활동한다. 이들은 서로 다른 분야에서 활동하는 저명한 전문가들 사이에서 임명되고 최고 6년 동안 개인적 역량에 따라 근무할 수 있도록 되어 있다.

특별절차 위임소관 수행자들은 개인 통보(individual communications)에 대한 대응, 연구수행, 국가적 수준에서 기술협력에 대한 조언 제공, 일반적 증진활동 참가 등 다양한 역할을 수행한다. 일부 특별절차는 자신의 위임소관 내에 속하는 특정 인권침해 주장에 대해 정부에 직접적으로 개입한다. 개입은 이미 발생하였거나 진행되고 있거나 발생할 위험성이 높은 인권위반에 관련된다. 특별절차 보고관들은 1년간의 활동을 기술하는 연례보고서(annual reports)를 인권이사회에 제출하도록 되어 있다. 연례보고서는 각자의 위임소관에 관한 작업 방법, 이론적 분석, 일반적 경향과 발전을 논하고 일반적 권고를 포함하고 있다. 2007년 6월 인권이사회는 특별절차 보고관을 위한 행동규범을 담은 결의안(Resolution 5/2, Code of Conduct for special procedures mandate holders)을 채택하였다.[3)]

3) 이금순·김수암, 『국제사회의 인권개선 전략: 이론과 실제』, pp. 21-28.

5. 개인통보 절차: 1503절차

유엔은 인권을 보호하기 위한 장치의 하나로 통보절차를 마련하였다. 그러한 대표적인 통보절차가 1503절차이다. 1503절차는 1970년 5월27일 경제사회이사회의 '인권 및 기본적 자유의 위반에 관한 통보처리절차에 관한 결의'(Resolution on Procedure for Dealing with Communications Relating to Violations of Human Rights and Fundamental Freedoms)에 근거하고 있다. 동 절차는 개별적 인권침해 사례 또는 개인의 권리구제보다는 지속적이고 대규모적이고 조직적인 인권의 침해, 유린 사태를 다루는데 그 목적이 있다. 즉, '지속적 형태의 심각하며 믿을 만한 근거가 충분한 인권침해 상황'을 확인하고 다루는 절차이다. 동 절차를 통해 피해자뿐만 아니라 피해 사실을 입증할 수 있는 가족이나 국내외의 민간 인권단체들도 유엔에 진정서를 제출할 수 있다. 동 절차에서는 대규모·조직적인 인권침해에 관한 통보를 비공개로 처리하고 있다. 인권침해자로부터 통보를 접수받은 사안에 대한 심의 과정이나 당사국의 답변 등 모든 과정은 비공개로 진행되고 있다.

유엔인권위원회의 이러한 절차는 인권이사회 설립을 위한 유엔총회 결의안(A/RES/60/251) 6항에 따라 인권이사회에서 승계하고 있다. 그리고 인권이사회는 2006년 6월 30일 동 절차의 이행을 뒷받침하기 위해 실무그룹을 설립할 것을 결의하였다. 인권이사회 체제 아래에서 1503절차에 대해서는 '인권이사회 제도구축 결의안'(A/HRC/ RES/5/1)에 자세하게 규정되어 있다. 그런데 수천건의 진정서에 대해 부족한 인원, 조약에 근거한 절차가 아니므로 특정한 인권침해 사태에 대해 내려진 결정은 법적 구속력을 갖지 못한다. 또한 비공개 진행으로 인해 개인보다 정부에 유리하게 진행될 가능성이 있다.[4)]

6. 유엔인권고등판무관실(Office of High Commissioner for Human Rights: OHCHR)

1993년 비엔나 세계인권회의에서 유엔 인권보장제도의 전반적인 개선과 효율성 증진 방안으로 '인권고등판무관 제도'가 제안되었다. 이에 따라 제48차 유엔총회는 비엔나 세계인권대회가 채택한 '비엔나선언 및 행동계획(VDPA)'을 승인하는 결의와 함께 '모든 인권의 증진과 보호를 위한 고등판무관'에 관한 결의(Resolution 48/141, 1993)를 통해 인권고등판무관 제도를 신설했다. 인권고등판무관의 임무는 모든 인권의 증진과 보호, 인권증진과 보호를 위한 국제협력의 강화, 인권센터의 전반적인 감독의 수행, 발전권을 포함한 모든 시민·정치·경제·사회·문화적 권리의 보호증진, 인권실현에 장애가 되는 요소들의 제거·예방, 인권기구와 조약감시기구 지원 등을 들 수 있다. 또한 인권이사회가 신설되면서 도입된 보편적 정례검토를 지원하는 역할을 수행하고 있다. 이와 같이 인권고등판무관실은 인권침해가 문제될 때 초기단계에서 유엔의 통합적인 의사결정을 유도하여 효율성을 극대화하는 역할을 수행하고 있다. 유엔인권고등판무관은 매년 인권위원회와 총회에 제출하는 유엔인권고등판무관의 보고서를 통해 국제인권 개선 방향을 제시하고 있다.

---

4) http://www2.ohchr.org/english/bodies/chr/complaints.htm(검색일: 2011년 10월 26일).

특히 유엔 인권고등판무관실은 개별 국가에서 인권보호 및 증진의 일환으로 인권 분야에서 기술협력(Technical Cooperation) 활동을 전개하고 있다. 인권 분야 기술협력이란 국제인권기준을 국내법, 정책, 실천관행에 통합시키고 이러한 기준을 수행할 수 있는 지속가능한 국가역량을 구축함으로써 국가와 지역수준에서 인권을 증진하려는 국가를 지원하는 것을 의미한다. 인권분야 기술협력 프로그램(Programme of Technical Cooperation in the Field of Human Rights)은 유엔의 정규 예산과 인권분야 기술협력 자발적 기금(United Nations Voluntary Fund for Technical Cooperation in the Field of Human Rights)으로부터 기금이 충당되고 있다. 1993년 유엔 인권위원회는 1987년 설립된 자발적 기금 아래 기술협력 프로그램을 위한 일반적 시각과 지침을 만들었다(Commission on Human Rights resolution 1993/87, March 1993).[5)]

Ⅲ. 조약에 근거한 기구(Treaty-based bodies)

조약에 근거한 기구 국제인권규약과 협약을 근거로 설립된 기구를 지칭한다. 국제인권규약과 협약은 가입한 당사국들의 규약 및 협약 이행 여부를 관장하기 위하여 규약·협약별로 위원회를 설립하도록 되어 있다. 현재 국제인권규약과 협약의 이행을 관장하는 위원회를 두도록 규정되어 있는 국제인권규약과 협약은 8개인데, 고문방지

5) 이금순 · 김수암, 『국제사회의 인권개선 전략: 이론과 실제』, pp. 32-36.

협약의 경우 선택의정서를 관장하는 소위원회가 추가로 구성되어 있다.[6)]

〈표-2〉 국제인권규약 및 협약 이행을 위한 위원회

국제인권규약 및 협약	규약위원회	북한가입 여부
시민적·정치적 권리에 관한 국제규약	자유권규약위원회	가입
경제적·사회적·문화적 권리에 관한 국제규약	사회권규약위원회	가입
여성차별철폐협약	여성차별철폐위원회	가입
아동권리협약	아동권리위원회	가입
고문방지협약 고문방지협약 선택의정서	고문방지위원회 고문방지소위원회	미가입
인종차별철폐협약	인종차별철폐위원회	미가입
이주노동자 및 가족의 권리 보호협약	이주노동자위원회	미가입
장애인권리협약	장애인권리위원회	미가입
강제실종보호협약	강제실종위원회	미가입

조약에 근거한 기구는 국제인권규약과 협약에 가입한 당사국이 국제인권협약을 준수하고 있는지 모니터링하는 기능을 수행한다. 이러한 모니터링을 위해 국제인권규약과 협약에 가입한 국가는 조약에 근거한 기구가 제시하는 작성 준칙에 따라 주기적으로 국제인권규약과 협약 이행상황을 담은 국가보고서를 제출하도록 되어 있

6) 다른 위원회는 규약·협약에 이행장치가 규정되어 있다. 반면 경제적·사회적·문화적 권리에 관한 국제규약은 독작적인 이행 장치 없어 경제사회이사회가 국가보고서 검토 업무를 맡다가 경제사회이사회 결의에 따라 사회권규약위원회가 설치되었다. 따라서 다른 위원회들이 조약에 근거하여 설립된 반면, 사회권위원회는 경제사회이사회 결의에 근거하여 설치되었다는 점에서 근본적 차이가 있다.

다. 조약에 근거한 기구는 당사국이 제출한 보고서 심의를 준비하기 위해 서면 질의리스트(list of issues)를 작성한다. 이에 대해 당사국이 답변서를 만들고 당사국 대표단이 참가한 가운데 심의(consideration)를 수행하고 있다. 심의 결과 권고사항을 포함하는 최종검토의견서(concluding observations)를 발표하고 있다.

조약에 근거한 기구는 인권 이행을 모니터링하기 위한 통보절차(complaints procedures)를 운영하고 있다. 그러한 제도는 국가간 통보(state to state complaints), 개인 통보제도(individual communications), 조사절차(inquiries) 세 가지로 구성된다. 구체적으로 시민적·정치적 권리에 관한 국제규약, 여성차별철폐협약, 고문방지협약, 인종차별철폐협약, 이주노동자권리보호협약 등 개인통보절차를 담은 추가의정서를 갖고 있는 경우가 있다.[7] 또한 조약 모니터링 기구는 인권 이행 여부를 감시하기 위해 조사제도(inquiries)를 두고 있다. 고문방지협약과 여성차별철폐협약은 국가 당사자가 협약을 심각하게 혹은 체계적으로 위반하였다는 충분한 근거가 있는 지표를 포함하는 신뢰할만한 정보를 받게 되면 자신들의 구상에 따라 조사를 주도할 수도 있다. 다만, 조사는 관련 위원회의 권한을 인정한 국가에 대해서만 이행될 수 있다. 이 절차는 비밀이며 당사국의 협력이 필요하다.[8]

7) 정인섭, 『국제인권규약과 개인통보제도』(서울: 사람생각, 2000).
8) 이금순 · 김수암, 『국제사회의 인권개선 전략: 이론과 실제』, pp. 28-31.

Ⅳ. 국제형사재판소(International Criminal Court)

탈냉전 이후 유엔의 인권보호를 위한 노력은 대규모 인종청소에 대한 대응으로 구체화되고 있다. 먼저 "구 유고에서 제네바협약의 심각한 위반위해를 행하거나 지시한 사람은 개인적으로 이에 책임을 져야 한다"는 1992년 12월 유엔 총회 결의와 1993년 5월 유엔안전보장이사회 결의안 827호에 따라 1993년 네덜란드 헤이그에 '구 유고 국제형사재판소'(International Criminal Tribunal for the Former Yugoslavia)가 설치되었다. 동 재판소는 구 유고연방 내의 민족분규 중 발생한 대량학살과 반인륜범죄에 대해 책임이 있는 개인을 처벌하기 위해 설치되었다. 그리고 1990~1994년에 걸친 르완다 내전에서의 대량학살 책임자 처벌을 위해 1994년 탄자니아에 '르완다 국제형사재판소'(International Criminal Tribunal for Rwanda)가 설치되었다.

이상에서 언급한 재판소는 관련 인도적 범죄만을 다루기 위한 한시적인 재판소로 상설적인 국제형사재판소의 필요성이 제기되었다. 이에 따라 1998년 국제형사재판소 설립을 위한 로마회의가 개최되었다. 동 회의에서 120개 국가에 의해 '국제형사재판소에 관한 로마규정'이 채택되었다. 로마규정은 2002년 효력이 발생하였다. 그리고 2002년 7월 1일 '로마규정'에 따라 인권유린에 책임이 있는 개인을 처벌하는 상설 메커니즘으로서 국제형사재판소가 설립되었다. 이전의 르완다, 유고슬라비아를 위해 설립된 한시적 재판소와는 달리 국제형사재판소는 상설적인 재판소로 기능하게 되었다.[9]

국제형사재판소는 로마 규정에 열거되어 있는 범죄와 특별상황에 대해서만 관할권을 행사할 수 있다. 그리고 국제형사재판소는 개인이 아닌 국가나 다른 법적 기구에 대해서는 관할권이 없다. 로마규정에는 소급처벌의 규정이 없기 때문에 국제형사재판소는 로마규정이 효력을 발생한 2002년 7월 1일 이후 저질러진 범죄행위에 대해서만 관할한다. 국제형사재판소는 로마규정 아래 4가지의 상황에서 권한을 행사할 수 있다.

첫째, 로마규정을 비준한 국가의 영토 내에서 범죄 행위가 발생했거나 로마규정을 비준한 국가의 국민이 범죄 행위를 저지를 경우

둘째, 로마규정을 비준하지 않은 국가가 국제형사재판소의 관할권에 동의하였고 범죄가 그 국가의 영토에서 일어났거나 또는 그 국가의 국민이 범인인 경우

셋째, 로마규정을 비준하지 않은 국가가 자국국민은 아니나 자국영토에서 범죄를 저지른 자를 인도하는 경우

넷째, 국제평화와 안보를 위협하거나 위반하는 범죄행위를 저지르거나 유엔 안보리가 유엔헌장 7장에 따라 사건을 국제형사재판소에 회부하였을 경우

또한 국제형사재판소는 국내법정과 관련하여 보충성의 원칙(principle of complementarity)을 적용하도록 되어 있다. 즉, 국제형사재판소는 당사국의 국내사법체계에 의한 재판권 행사에 대한 보충적 관할권을 갖는다. 그러므로 국내형사재판 권할권이 국제형사

9) 송상현, "로마조약(The Rome Statue)과 국제형사재판소(ICC)에 관한 소고," 『서울대학교 법학』 제44권 3호, 2003.

재판소의 그것보다 우선적으로 행사되어야 한다. 국내법정체계가 추정범죄에 대해 적절하게 처리하는 곳에서는 관할권을 행사할 수 없다. 그리고 국제형사재판소가 관할권을 행사할 수 있는 핵심범죄(core crimes) 행위는 집단살해죄(genocide, 제6조), 인도에 반하는 범죄(crimes against humanity, 제7조), 전쟁범죄(war crime, 제8조), 침략범죄(offense of aggression, 제5조 제1항) 4가지로 나눌 수 있다.[10)]

V. 유엔의 인권 제도화와 국제적 논쟁

1. 인권의 국제화와 주권 · 내정불간섭 원칙

탈냉전에 따라 이념대결이 사라지면서 '인권'이 국제정치의 핵심 의제로 떠오르고 있다. 유엔을 중심으로 한 인권의 국제화 추세에 따라 인권은 국가를 넘어서는 초국가적 가치라는 인식이 확산되고 있다. 그런데 유엔이 다양한 규범과 제도를 통해 전 세계 인권보호 및 증진활동을 전개해오고 있지만 국가주권 문제는 유엔의 인권활동의 확대과정에서 논쟁의 핵심 요소로 작용하고 있다. 유엔의 인권보장 활동의 발전 및 형성과정은 인권의 국제적인 보장과 국가주권 원칙 간의 갈등의 역사라고 해도 과언이 아니다. 국제기구, NGO 등 다양한 행위자의 중요성이 커지고 있지만 여전히 국제관계는 국가가 핵

10) 김영석, "국제형사재판소 관할범죄의 처벌 등에 관한 법률에 대한 고찰," 『서울국제법연구』 제15권 1호, 2008.

심 행위자라는 속성은 본질적으로 유지되고 있다. 핵심 행위자인 국민국가로 구성되는 국제정치의 핵심 작동 원리가 주권의 원칙, 내정불간섭의 원칙이라고 할 수 있다. 다양한 영역에서 주권의 원칙의 영향력은 실질적으로 약화되는 추세에 있지만 여전히 주권의 원칙은 국가들의 행위 핵심 논거로 작용하는 것이 국제정치의 현실이다.

이러한 주권의 원칙은 유엔 헌장 제2조 7항에 명시적으로 규정되어 있다.[11] 인권 비판의 대상이 되는 유엔 회원국들은 동 조항의 내정불간섭 원칙을 내세워 자국의 인권문제에 대한 개입에 대응하고 있다. 이와 같이 주권의 원칙과 내정불간섭 원칙이 유엔의 인권보호 및 증진활동에 걸림돌로 작용하여 왔다. 탈냉전 이후 인권문제는 개별 국가의 주권적 관할을 넘어서는 의제라는 공감대가 확산되고 있지만 여전히 인권문제가 한 국가의 내정의 문제인가 아니면 주권을 넘어서는 국제적 문제인지를 둘러싸고 논쟁이 치열하게 전개되고 있다. 이러한 논쟁은 'G2' 시대라고 할 정도로 국제정치적 영향력이 커지고 있는 중국의 태도를 통해 살펴볼 수 있다.

중국은 인권문제가 본질적으로 국내관할에 속하는 사안이며, 국제법의 가장 중요한 원칙인 주권원칙에 종속될 뿐이며 인권이 국가주권에 우선할 수 없다는 입장을 견지하고 있다. 이러한 입장에 따라 '인권에 국경이 없다'는 주장을 반박하면서 주권은 인권의 전제이며 인권은 주권에 의지하여 그 실현이 보장된다고 주장하고 있다. 국권

11) 유엔 헌장 제2조 7항은 "이 헌장의 어떠한 규정도 본질상 어떤 국가의 국내 관할권 안에 있는 사항에 간섭할 권한을 국제연합에 부여하지 아니하며 또는 그러한 사항을 이 헌장에 의한 해결에 맡기도록 회원국에 요구하지 아니한다. 다만, 이 원칙은 제7장에 의한 강제조치의 적용을 해하지 아니한다"라고 규정되어 있다.

이 없다면 국제사회의 평등한 일원이 될 수 없으므로 근본적으로 인권을 향유할 수 없게 된다는 논리로 연결되고 있다. 특히 덩샤오핑은 "국권이 인권에 비해 중요하다"고 주장하였다.12)

2. 인도적 개입(humanitarian intervention)과 보호책임(responsibility to protect: R2P)

탈냉전 이후 인종청소 등 대규모 인권유린 현상이 발생하면서 국제사회가 개입하여 적극적인 보호활동을 전개해야 한다는 논의가 활발하게 전개되고 있다. 그러한 개입의 대표적 방식으로 인도적 개입과 보호책임을 들 수 있다. 인도적 개입이나 보호책임은 국가주권의 원칙과 직결되어 있다.

1990년대 집단학살 및 인종청소라는 인도에 반하는 범죄가 발생하면서 유엔헌장 제7장의 강제개입조항을 확대 해석하여 인도적 개입이 정당하다는 인식이 확산되고 있다. 유엔 헌장에 주권의 원칙이 명시적으로 규정되어 있지만 예외적으로 유엔 헌장 제7장에 의해 제약될 수 있다. 유엔헌장 제7장에서 안전보장이사회는 평화에 대한 위협, 평화의 파괴 또는 침략행위의 존재를 결정하고, 국제평화와 안전을 유지하거나 이를 회복하기 위하여 개입을 예외적으로 허용하는 규정을 두고 있다. 이와 같이 유엔 헌장 제7장에 따라 국제사회는 대규모 인권유린이 평화에 대한 위협이 된다고 적극적으로 해석하여 인도적 개입에 나서고 있다. 그렇지만 여전히 국가 이외에 상위의 권위체가 부재한 상황에서 인도주의 개입의 대상이 되는 인권 유린

12) 박종귀, 『중미인권분쟁』 (서울: 새로운사람들, 2001), pp. 275-276, 291.

을 누가 어떻게 규정할 것인가, 누가 개입의 정당성에 대한 권위를 부여할 것인지가 논란의 핵심대상이 되고 있다. 현 단계에서 인도적 개입의 정당성은 유엔이 부여한다는 데 대체적인 공감대가 형성되어 있다.[13)]

UN의 개혁 논의 속에 중요한 어젠더 중의 하나가 보호책임이다. 보호책임이라는 개념은 2001년 '간섭 및 국가 주권에 관한 국제위원회'가 발표한 "보호책임(The Responsibility to Protect)"이라는 보고서에서 발전된 개념이다. 동 보고서에서 보호책임에 대해 "주권 국가는 대량 살상과 강간, 기아 등과 같은 회피할 수 있는 재앙으로부터 자신의 시민을 보호할 책임이 있지만 주권 국가가 보호하려고 하지 않거나 할 수 없을 때, 그러한 책임이 보다 광범위한 국가공동체에 의해 맡겨져야 한다"고 설명하고 있다. 보호책임이라는 관념은 보다 활발한 논의를 거쳐, 2005년 9월 UN 총회의 정상회담의 결과문서(outcome document)에 공식적으로 담기게 되었다.[14)]

보호책임은 인권보호의 일차적 책임이 국가에 있으며, 이차적으로 국제사회가 해당 국가를 지원하며, 다만 그 국가가 그 책임을 다할 수 있는 능력이 없거나 의지가 없는 경우 국제사회가 대신 그 책임을 수행해야 한다는 것이다. 그리고 2005년 정상회담 결과문서에서 보호책임의 대상을 집단학살, 전쟁범죄, 인종청소, 반인도범죄로

---

13) 유엔의 위임을 받지 않은 인도적 개입도 이루어지면서 논란이 되고 있다. 대표적 사례로서 코소보 사태에 대한 NATO의 개입을 들 수 있다.

14) International Commission on Intervention and State Sovereignty, *The Responsibility to Protect* (2001), VIII; 2005 World Summit Outcome, UNGA Res 60/1 (2005.10.24). 이외에도 2009년 1월 반기문 UN사무총장은 "보호책임의 이행"이라는 보고서를 발표한 바 있다.

제한하고 있다.

'간섭 및 국가 주권에 관한 국제위원회'는 보고서에서 책임의 관점에 초점을 두어 보호책임과 인도적 개입을 구분하고 있다. 첫째, 보호책임의 경우 조치를 취하려는 자의 이익과 관점보다는 지원을 구하거나 필요로 하는 자의 수요라는 관점에서 기존의 인도적 개입의 개념이 지니고 있던 딜레마를 다루고 있다. 둘째, 책임이라는 상호보완적 개념을 도입함으로써 개입과 주권 간의 간극을 메우려고 시도하고 있다. 이때 책임이 상호보완적이라는 의미는 보호책임에서 책임의 관념은 만약 특정 국가가 이러한 책임을 수행할 수 없거나 수행하려 하지 않는 경우 혹은 자신이 위기상황을 초래한 경우에는 국제공동체가 조치를 취할 책임을 부담하게 된다는 것을 의미한다. 셋째, 보호책임을 단계별로 예방책임, 대응책임 및 재건책임으로 구분하고 있다. 인도적 개입은 인도적 위기상황이 발생한 후 이에 대한 사후적 대응조치에 집중되어 있는 반면, 보호책임은 예방, 재건 등 여러 단계에서 발동될 수 있다.[15)]

3. 인권의 보편성 대 상대주의 논쟁

인권의 보편성에 대해 문화상대주의 관점에서 지속적으로 비판이 제기되어 오고 있다. 문화상대주의는 현대인권이 내포하고 있는 서구중심주의를 비판하고 문화와 가치의 다양성에 기반을 둔 인권의

---

15) 신창훈, "보호책임이 한반도 정세에 미치는 함의," 통일연구원 주최 워크숍 발제문, 2011년 10월 7일; 이신화, "보호책임(R2P)의 원칙과 이행: 발전적 적용의 가능성 및 동아시아의 관점," 한국유엔체제학회, 『국제기구저널』 제5집 1호, 2010.

다원주의를 주장하는 논리이다. 즉, 사회형태나 발전단계의 다양성에 따라 인권의 다양성 또한 인정되어야 한다는 인식이다. 문화상대주의는 보편적 권리를 수용하면서도 이를 문화적으로 특수한 상황에 적합하도록 유연하게 적용해야 한다는 주장이다. 보편적 관심사는 인정하지만 보편적 인권이 구체적으로 실현되는 방식은 국가 또는 지역에 따라 다른 역사적·사회적·문화적· 종교적인 특수성에 영향을 받을 수밖에 없다는 것이다.

인권의 보편성과 문화상대주의 논쟁 과정에서 각자가 처한 문화적·정치적 입장에 따라 인권을 다르게 규정하는 현상이 나타나고 있다. 각자의 입장에 따라 자신의 시각을 반영한 국제인권규약에 우선순위를 두고 인권문제에 현실적으로 접근함으로써 갈등이 유발되고 있다. 이러한 우선순위 논쟁에는 문화상대주의라는 논리가 영향을 미치는 요소로 작용하고 있다. 특히 서구는 개인을 주체로 하는 자유권을 중심으로 접근하는 반면 사회주의권은 사회권을 중심으로 접근하고 있다.[16)]

문화상대주의에서 인권문제에 접근하는 인식태도는 동아시아지역에서 강하게 나타나고 있다. 리콴유 전 싱가포르 총리는 "서구의 가치가 적용될 수 없는 곳에서 서구식 제도를 무차별적으로 강요하지 말라"고 주장한 바 있다. 이러한 주장에서 보듯이 아시아 지역에서 '아시아적 가치'(Asian Values)로 표상되는 문화상대주의 시각이 강하게 표출되고 있다. 아시아적 가치론은 일반적인 문화상대주의

16) 김수암, "문화상대주의, 주권원칙과 북한인권," 국제문제연구소 엮음, 『세계정치5: 세계정치와 동아시아의 안보구상』 (서울: 인간사랑, 2006).

에서처럼 인권의 주체, 인권의 우선순위 등의 변수를 기준으로 서구에서 제기하는 인권접근에 대해 비판하고 있다. 특히 동아시아 국가 중 중국, 북한, 싱가포르 등이 아시아적 가치의 연장선상에서 서구의 인권제기에 비판적으로 대응하고 있다. 서방국가들이 개인의 권리를 존중한다고 주장하지만 개인의 권리 확대의 결과 총기, 마약, 폭력, 공공에서의 무례한 행동 등 사회질서의 불안정이 초래되고 결과적으로 인권유린으로 연결된다고 인식하고 있다. 반면 동아시아에서는 질서와 안정을 중시하고 질서정연한 사회를 건설함으로써 개인들이 안전하게 생활할 수 있는 여건을 조성하여 나가고 있다고 주장하고 있다.[17)]

아시아적 가치라는 문화상대주의 시각에서 인권을 규정하는 인식론은 단순히 논쟁 차원을 넘어 유엔 회의에서 공식적으로 표명된 바 있다. 비엔나 세계인권회의에 앞서 1993년 3월 29일부터 4월 2일까지 방콕에서 개최된 아시아지역 회의에서 대다수 국가의 찬성 아래 「방콕선언」(Bangkok Declaration on Human Rights)이 채택되었다. 이 선언에서 인권은 '본질적으로 보편적'이지만 국가와 지역적 특성, 다양한 문화적, 역사적, 종교적 배경의 맥락 속에서 고려되어야 한다고 규정함으로써 문화상대주의적 시각이 강하게 표출되고 있다.[18)]

---

17) 이승환 외, 『아시아적 가치』(서울: 전통과 현대, 1999).
18) A/CONF.157/ASRM/8; A/CONF.157/PC/59.

4. 유엔 인권제도 공정성에 대한 논란

유엔 인권위원회는 인권상황이 심각한 국가를 대상으로 인권상황을 비판하고 개선을 촉구하는 결의안을 채택하여 왔다. 앞에서 언급하였듯이 유엔 인권위원회를 대체하는 인권이사회가 설립된 이후에도 국가별 인권결의안 채택제도는 유지되고 있다. 이러한 특정국가를 대상으로 하는 인권결의안 제도에 대해 인권유린국들을 중심으로 개입의 정당성에 대해 지속적으로 이의가 제기되어 오고 있다. 특히 이러한 반발의 중심에 중국이 있다. 미국을 중심으로 유엔인권위원회에서 중국에 대한 인권결의안을 채택하려는 시도가 있어 왔다. 이에 대해 중국은 미국이 인권을 정치화하기 위해 유엔인권위원회를 활용하고 있다고 비판하여 왔다. 미국이 서방과 제휴하여 인권을 명분으로 다른 국가의 내정에 간섭하는 방편으로 유엔 인권위원회를 활용하고 있다는 주장이다. 특히 미국이 유엔 인권위원회에서 중국인권결의안을 지속적으로 상정하자 중국은 유엔인권위원회가 미국을 비롯한 서방국가들이 다른 국가의 내정간섭을 위한 일방적 포럼으로 전락하였다고 비판하고 있다. 1996년 유엔인권위원회에서 중국인권결의안 채택이 좌절된 직후 중국당국은 공식논평을 통해 "서구의 불순한 동기에서 자행되는 정치적 대치를 위한 산물"이라고 결의안을 규정하였다. 즉 결의안은 동기가 순수하지 못하고 중국의 내정 문제에 간섭하기 위하여 인권문제를 활용하려는 수단이라고 비판하고 있다.[19)]

19) Human Rights Watch, "Chinese Diplomacy, Western Hypocrisy and the U.N. Human Rights Commission," March 1997. http://www.hrw.org/summaries/s.china973.html

Ⅵ. 유엔 인권제도와 북한인권

유엔인권제도에 따라 유엔은 북한인권 상황을 개선하기 위한 활동을 주도적으로 수행하고 있다. 북한인권 개선을 위한 유엔의 활동은 헌장에 기반한 기구와 조약에 기반한 기구를 통해 전개되고 있다. 전자의 경우 기구 자체의 판단에 따라 활동을 전개하고 있는 반면, 후자의 경우 북한이 가입한 규약이나 협약을 통해 활동하고 있다. 현재 북한은 시민적·정치적 권리에 관한 국제규약, 경제적·사회적·문화적 권리에 관한 국제규약, 아동권리협약, 여성차별철폐협약에 가입한 당사국이다. 북한 자신의 판단에 따라 자발적으로 가입하였기 때문에 조약에 기반한 기구에 대해 북한은 상대적으로 협조적이다. 그런데 헌장에 기반한 기구의 활동에 대해서는 위에서 언급한 국제 논쟁의 연장선상에서 반발, 거부 등 비협조적 입장을 견지하고 있다.

1. 주권의 원칙에 따른 대응

북한은 헌장에 기반한 기구의 활동에 대해 주권의 원칙, 내정불간섭의 원칙에 입각하여 대응하고 있다. 인권이 국가의 관할사안이라는 강력한 논리 아래 북한은 '인권은 국경을 넘어선 보편적 가치', '인권에 대한 간섭은 내정간섭이 아니다'라는 주장을 '강도적인 논리', '흑백이 전도된 논리'라고 반박하고 있다. 인권유린에 대해 국경을 넘어선 개입이 허용되어야 한다는 주장은 '인권보호'라는 미명

(검색일: 2006.5.2). 중국은 자국에 대한 인권결의안이 상정되면 '불상정동의안'을 통해 결의안 자체의 상정을 저지하여 왔다.

하에 약소 독립 국가를 예속시키려는 불순한 정치적 목적으로 규정하고 있다. 인권을 보장하기 위해 국경을 넘어선 개입을 허용해야 한다는 서방국가들의 주장에 대해 정치적 목적을 달성하려는 명분에 불과하다고 비판하고 있다. 따라서 이러한 불순한 정치적 목적에 효율적으로 대응하기 위해서는 오히려 주권의 원칙이 보다 강화되어야 한다고 주장하고 있다. 이와 같이 주권이 강화되어야 한다는 주장은 인권은 곧 국권이라는 논리로 연결되고 있다. 주권은 모든 국가와 민족의 생명선으로 자주권을 상실한 인민은 그 어떤 인권도 향유할 수 없기 때문에 '인권은 국권'이라는 주장이다. 인권을 명분으로 하는 개입을 수용하면 예속상태로 전락하고 이로 인해 인권 자체가 보장되지 않는다는 '국권=인권'이라는 체제안보논리를 따를 경우 국제사회와 인권대화를 통해 상호 이해를 재조정할 여지는 극단적으로 축소될 수밖에 없다.[20)]

2. 문화적 상대주의에 입각한 대응

위에서 살펴보았듯이 인권의 국제화 과정에서 인권의 보편성과 문화상대주의 사이의 논쟁이 가열되고 있다. 북한도 문화상대주의 시각의 연장선상에서 인권문제에 접근하고 있다.

> "지구상의 모든 나라들은 각이한 전통과 민족성, 서로 다른 문화와 사회발전력사를 가지고 있으며 매개 나라의 인권기준과 보장형태도 해당 나라의 구체적실정에 따라 서로 다르다."[21)]

20) 김수암, 『민주주의와 인권에 대한 북한의 인식과 대응』(서울: 통일연구원, 2007).

북한은 개별 국가별로 '인권기준'과 '보장형태'가 다르다고 주장하고 있다. 실천적 방안의 차이는 약한 상대주의적 시각이라고 할 수 있지만 인권기준 자체도 차이가 있다고 주장함으로써 강한 상대주의적 시각을 표출하고 있다.[22] 북한은 1990년대 중반 사회주의권 붕괴라는 체제안보에 부정적인 국제환경이 조성되면서 강한 상대주의적 시각에서 '서방식'과 대비되는 우리식 사회주의, 주체사상을 반영한 '우리식 인권'이라는 독특한 인권개념을 제시하고 있다. 우리식 인권기준에 따라 인권이 잘 보장되고 있기 때문에 '우리식 인권기준'에 따라 인권을 보장해나가면서 '서방식 인권'을 철저히 배격한다는 것이 북한의 기본인식이다. 이와 같이 우리식 인권론에 입각하여 체제안보적 관점에서 우리식과 서방식으로 이분화하고 배제의 논리로 접근함으로써 강한 상대주의적 시각을 표출하고 있다. 개념적 유연성이 사라짐으로써 국제사회와의 대화 및 타협의 여지는 상대적으로 줄어들 수밖에 없다.[23]

3. 유엔인권제도에 대한 비판

북한은 유엔인권위원회의 북한인권결의안에 대해 중국과 마찬가지로 '선택성', '이중기준' 등의 논리로 유엔인권위원회의 행태를 비판하는 입장을 취하고 있다. 냉전 종식 이후 인권을 정치적으로 활용

---

21) 『로동신문』, 2001.3.2.
22) 잭 도널리 지음, 박정원 옮김, 『인권과 국제정치』(서울: 오름, 2002), pp. 73-76.
23) 『로동신문』, 1995년 6월 24일; 김수암, "문화상대주의, 주권원칙과 북한인권," 국제문제연구소 엮음, 『세계정치5: 세계정치와 동아시아의 안보구상』 (서울: 인간사랑, 2006).

하려는 기도가 심화되고 있는 가운데, 유엔인권위원회마저 주권국가의 제도변경을 목표로 결의안을 채택하는 등 정치적으로 악용되는 기구로 전락하였다고 유엔인권위원회의 '정치화'를 비판하고 있다. 또한 유엔인권위원회가 서방국가들의 이해를 반영하여 '선택성'과 '이중 잣대'를 갖고 활동함으로써 '객관성'과 '공정성'을 상실당하고 있다고 비판하고 있다. 불순한 정치적 목적을 추구하는 세력들에 의해 신뢰성을 상실한 유엔인권위원회가 채택한 결의안은 순수한 인권개선을 목적으로 하고 있지 않으므로 수용할 수 없다는 것이다.[24)]

북한은 유엔 총회와 인권이사회에서 채택되는 인권결의안에 대해 "적대세력들의 정치적 모략 책동의 산물"이라고 주장하고 있다. 이와 같이 북한은 인권결의안의 채택에 대해 '인권의 정치화'라고 규정하면서 '전면 배격한다'는 입장을 확고하게 견지하고 있다.[25)] 그리고 2004년 유엔인권위원회의 북한인권결의안에 따라 국가별 수임사항을 관장하는 유엔북한인권특별보고관이 유엔인권위원회의 북한인권결의안에 근거하여 임명되어 활동하고 있다. 북한인권특별보고관은 북한인권 상황을 조사하여 인권이사회(인권위원회)와 총회에 보고서를 제출하여 오고 있다. 북한인권특별보고관의 활동에 대해 북한당국은 존재자체를 전면 부인하는 태도를 견지하고 있다. 북한당국은 인권결의안 제도와 마찬가지로 국가별 특별보고관 제도라는 개입자체의 정당성을 부인하고 있다. 첫째, 국가별 특별보고관 제도는

24) E/CN.4/2005/G/13, Letter from the Permanent Representative of the Democratic People's Republic of Korea, 2005.3.2; 『평양방송』 2005.4.20.

25) 『조선중앙통신』, 2010년 11월 20일.

‘인권의 정치화’에 반대하고 인권분야에서 대화와 협력을 지향하는 현대의 흐름에 역행한다는 것이다. 인권의 ‘정치화’, ‘선택성’, ‘이중기준’의 문제점을 해소하려는 목적으로 인권이사회가 신설되었는데, 특별보고관과 같은 국가별 수임제도(country-specific mandates)는 이러한 목적에 위배된다고 주장하고 있다. 둘째, 인권결의안 자체를 부인하는 상황에서 인권결의안에 근거하여 임명된 북한인권특별보고관의 존재도 인정할 수 없다는 것이다. 따라서 특별보고관의 주요 활동인 국가방문을 통한 인권실태 조사는 이루어지지 못하고 있다.[26]

북한은 보편적 정례검토 제도에 따라 국가보고서를 제출하였고 2009년 12월 7일 인권이사회에서 심의를 받았다. 그리고 2010년 3월 18일 인권이사회 13차 회기에서 북한에 대한 보편적 정례검토에 따른 공식 보고서가 채택되었다 북한당국은 정례검토 시 제기된 167개의 권고안에 대해 50개에 대해서는 분명하게 거부 의사를 표명하였다. 그리고 117개 권고안에 대해서는 검토의견을 표명하였지만 2010년 유엔 인권이사회에서 수용 여부에 대해 명확한 입장을 밝히지 않고 모호한 태도를 견지하였다. 인권이사회에서 117개 권고에 대해 여전히 모호한 태도를 취함으로써 그 어떤 권고에 대해서도 명확하게 수용하지 않았다.[27] 북한은 선택적으로 적용되지 않고 모든 유엔 회원국에 적용되는 보편적 정례검토를 통한 인권이사회의 개

---

26) 2011년 1월 20일자 제네바 주재 북한대표부 명의로 유엔인권이사회 의장에게 보낸 서신, 유엔문서 A/HRC/16/G/2.

27) 국가인권위원회, 『유엔 국가별 정례인권검토(UPR)에 대한 북한의 국가인권보고서 및 우리정부, NGO, INGO 관련 자료집』, 2010.

입 자체는 수용하고 있다. 그렇지만 그 제도가 운용되는 과정에서 제기되는 실질적 내용에 대해서는 사실상 수용하지 않음으로써 소극적 형태의 비협조 전략으로 대응하고 있다. 제도 자체의 정당성을 부인하기 어려운 상황에서 실질적 권고 내용에 대해 부정적으로 대응하여도 제재 수단이 없다는 점을 고려하여 내용상 부정적으로 대응하는 전략을 구사하고 있는 것이다.

유엔인권위원회와 총회에서 채택된 북한인권결의안에서는 유엔인권고등판무관실로 하여금 북한당국과 인권분야 대화와 기술협력을 추진하도록 권고하고 있다. 유엔인권고등판무관실은 북한인권결의안 상의 권고에 따라 북한당국과의 인권 대화와 기술협력을 추진하여 왔다. 그런데 북한은 북한인권결의안 자체를 부인하고 있는 상황에서 유엔인권고등판무관실이 북한인권결의안에 근거하여 기술협력을 추진하는 것을 수용할 수 없다는 입장을 견지하고 있다. 북한인권결의안의 실행을 강요하기 위한 압력의 수단으로 기술협력이 남용되는 상황에서 기술협력에 참여할 수 없다는 것이다. 정치적 목적을 가진 북한인권결의안 채택이 중지되어야 기술협력에 참여할 수 있다고 주장하고 있다.[28)]

Ⅶ. 결론

유엔은 출범과 함께 전 세계 인권보호와 증진을 위한 구심점의 역

28) 2009년 유엔 사무총장의 북한인권상황 보고서, 유엔문서 A/64/319.

할을 수행하여 왔다. 전 세계적 차원에서 인권문제를 해결하기 위한 유엔의 노력은 인권의 보편성을 각성시키고 인권문제의 국제화를 통해 국제사회 여론을 환기시키는데 집중되어 왔다. 이 과정에서 유엔은 인권문제를 다각화하고 범주를 확대하는 데 기여하고 있다. 이에 따라 여성과 아동, 강제실종, 장애인, 이주노동자, 노예, 반인도적 범죄, 인종 학살, 난민 등의 인권 범주는 다각화되는 추세에 있다.

이러한 인권의 범주의 확대는 새로운 인권문제에 대한 인권의 결의, 국제인권규약 및 협약의 확산으로 이어지고 있다. 그리고 유엔도 이러한 국제인권규약 및 협약을 효율적으로 실행하고 인권 보호 및 감시를 효과적으로 수행하기 위한 제도와 인권 구제 절차를 마련하여 왔다. 이와 같이 인권의 국제화와 제도화를 위한 유엔의 노력은 인권에 대한 각성과 인식 제고를 바탕으로 인권 보호와 증진을 위한 감시 역할로 확대되어 오고 있다.

유엔 차원에서 인권보호를 위한 다양한 제도가 구비되고 있지만 법적 구속력이나 강제력을 수반하여 위반 국가의 행위를 변화시킬 수는 없다. 유엔은 직접적인 행동에 의한 방식보다 개별국가의 인권에 관한 정책을 바꾸고 역량형성을 지원함으로써 인권보호 및 증진을 위해 활동에 주력하고 있다. 그렇지만 여전히 국가가 핵심행위자로 구성되어 있는 현실 국제정치의 속성이 유엔의 인권문제 국제화 과정에서 걸림돌로 작용하고 있다. 국제기구, NGO 등 다른 행위자의 중요성이 증대되고 있지만 국가가 핵심 행위자인 국제관계에서 주권 및 내정불간섭 원칙, 문화상대주의가 인권의 국제화 과정에 영향을 요인으로 작용하고 있다.

유엔은 현재 국내외적 관심사로 부상한 북한인권문제 해결의 주도적 역할을 수행하고 있다. 북한은 조약에 근거한 기구의 활동에 대해서는 상대적으로 협조적이지만 헌장에 근거한 기구의 북한인권개선 활동에 대해서는 비협조적 자세로 일관하고 있다. 헌장에 근거한 기구의 활동에 대한 북한의 비협조적 대응은 인권의 보편성 대 주권원칙·문화상대주의라는 인권의 국제화 과정에서의 논쟁의 연장선상에서 그 논거를 찾을 수 있다.

참고문헌

1. 국문

국가인권위원회. 『유엔 국가별 정례인권검토(UPR)에 대한 북한의 국가인권보고서 및 우리정부, NGO, INGO 관련 자료집』. 2010.

김수암. “문화상대주의, 주권원칙과 북한인권.” 국제문제연구소 엮음. 『세계정치5: 세계정치와 동아시아의 안보구상』. 서울: 인간사랑, 2006.

김수암. 『민주주의와 인권에 대한 북한의 인식과 대응』. 서울: 통일연구원, 2007.

김영석. “국제형사재판소 관할범죄의 처벌 등에 관한 법률에 대한 고찰.” 『서울국제법연구』 제15권 1호. 2008.

나영주. “유엔과 인권: 인권보호와 증진을 위한 유엔의 노력과 개혁.” 『UN과 평화: UN 창설 60년 회고와 전망』. 서울: 서울평화상문화재단, 2007.

박종귀. 『중미인권분쟁』. 서울: 새로운사람들, 2001.

송상현. “로마조약(The Rome Statue)과 국제형사재판소(ICC)에 관한 소고.” 『서울대학교 법학』 제44권 3호. 2003.

신창훈. “보호책임이 한반도 정세에 미치는 함의.” 통일연구원 주최 워크숍 발제문. 2011.10.7.

이금순·김수암. 『국제사회의 인권개선 전략: 이론과 실제』. 서울: 통일연구원, 2008.
정인섭. 『국제인권규약과 개인통보제도』. 서울: 사람생각, 2000.
이승환 외. 『아시아적 가치』. 서울: 전통과 현대, 1999.
이신화. "보호책임(R2P)의 원칙과 이행: 발전적 적용의 가능성 및 동아시아의 관점." 한국유엔체제학회. 『국제기구저널』 제5집 1호. 2010.
잭 도널리 지음. 박정원 옮김. 『인권과 국제정치』. 서울: 오름, 2002.

2. 영문

Human Rights Watch. "Chinese Diplomacy, Western Hypocrisy and the U.N. Human Rights Commission." March 1997. http://www.hrw.org/summaries/s.china973.html(검색일: 2006.5.2).
International Commission on Intervention and State Sovereignty. *The Responsibility to Protect*. 2001.
UN World Summit Outcome, UNGA Res 60/1. 2005.10.24.

3. 북한원전

『로동신문』, 1995.6.24.
『로동신문』. 2001.3.2.
『평양방송』. 2005.4.20.
『조선중앙통신』. 2010.11.20.

4. 유엔문서

A/CONF.157
ASRM/8
A/CONF.157/PC/59.
E/CN.4/2005/G/13, Letter from the Permanent Representative of the Democratic

People's Republic of Korea, 2005.3.2.

A/HRC/16/G/2.

A/64/319.

지구 온난화와 국제 규제 레짐

신 연 재

(울산대학교 국제관계학과 교수)

Ⅰ. 머리말

어떠한 국가도 자신의 영역 내에서 완벽한 환경 통제 능력을 갖출 수는 없는 반면, 환경 파괴의 원인과 영향은 대기오염의 경우에서 보듯이 국경을 쉽게 통과하는 것이 현실이다. 환경 문제의 이러한 초국가성은, 그것의 가장 효율적인 해결책으로 국제협력이 소망스러움을 말해 준다. 환경 문제의 원인과 영향 그리고 그 해결 수단의 다양성은 이렇듯 국가 중심적 사고의 초월을 요구한다. 환경 문제가 세계질서에 변화를 초래한 결과, 2차 대전 종전 이후 세계질서를 지배했던 가정과 제도들은 새로운 현실과 부정합 관계를 이룬다. 국민국가의 주권은 여러 면에서 환경 문제의 해결을 위한 지역 차원의 협력이나 지구 차원의 정책 결정에 부합되지 않는 것이다. 2차 대전의 종전과 더불어 새로운 제도를 구축한 것처럼, 이제는 환경 위험을 극복하기 위해서도 국제제도의 개선이 필요하다(Mathews, 1989: 174).

환경 문제는 대부분 인간사회의 제도 장치로부터 비롯되기 때문에 제도의 적정성이 환경 문제의 해결과 세계질서의 안정을 유지하는 데 중요하다. 환경 위험으로부터 해방되기 위한 방편으로 제도의 개혁이 중요하다고 하지만(Lowi & Shaw, 2000: 7), 특히 세계 차원에서 각국의 상충하는 이해관계를 조정하는 국제 환경 협력 제도의 구축이 시급하다는 데는 반론이 제기될 소지가 거의 없다. 급속한 공업화, 경제성장, 도시화로 말미암아 가중되고 있는 '지구 온난화'는 1990년대 이후 세계질서를 위협하는 도전 요인 중 하나로 인식되고 있다.

국가안보는 물론이고 지구안보에 대한 위협으로까지 인식되는 한, 지구 온난화는 모든 국가와 인간의 공동 관심사이자 세계가 당면하고 있는 가장 긴박한 환경 문제라고 하여도 지나치지 않다(WCED, 1987: 294). 지구 온난화는 환경 및 기타 영역의 문제들과 폭 넓은 관련을 맺고 있어서 부정적 영향의 범위는 더 넓되, 대응책의 마련은 훨씬 더 어려운 문제여서, 국제 규제 레짐 구축 노력이 집중되어 왔음에 주목할 필요가 있다.

Ⅱ. 지구 온난화의 개념과 원인

1. 개념

'지구 온난화'(global warming)란 대기권의 이산화탄소(CO_2), 메탄(CH_4), 아산화질소(N_2O), 염화불화탄소(CFCs), 오존(O_3), 수증기 등의 '온실가스'(greenhouse gases)가 지구 전체에 대하여, 온실과 같은 작용을 함으로써, 대기의 기온이 높아지는 현상을 말한다. 구체적으로 온실가스가 태양으로부터 지구로 유입되는 단파장의 복사에너지는 통과시키는 반면, 지표면으로부터 방출되는 장파장의 복사에너지를 흡수하여, 대기권 외부로 방출되는 것을 차단함으로써, 지구의 기온을 상승시키는 현상을 말한다.[1)]

지구 온난화는 온실가스에 의한 '온실 효과'(greenhouse effect)의 결과인 바, 구체적으로 적정 수준 이상의 온실가스가 지구 온난화의 원인이 된다. 만일 대기 중에 온실가스가 전혀 포함되어 있지 않다면, 지표면의 평균 기온은 영하 18도까지 내려가기 때문에 생명체가 살 수 없게 된다. 태양 빛이 도달하는 달 표면의 기온이 100℃가 넘고, 반대 면은 영하 200℃가 되는 이유는, 대기가 없어서 온실 효과가 발생하지 않기 때문이다. 적정 수준의 온실가스가 대기 중에 존재해야 인간과 생물에게 적합한 자연환경이 존속할 수 있는 것이다.

2. 지구 온난화의 원인

지구 온난화의 원인이 상당 부분 밝혀지긴 했지만, 아직까지 철저히 밝혀지지 않아 과학·기술의 숙제로 남겨진 부분도 상당히 있다. 그런 가운데 대기 구성 성분의 변화, 즉 대기 구성 성분 중에서 이른

---

1) 태양으로부터 지구로 유입되는 에너지 중에서 약 34%는 구름이나 먼지 등에 의해 반사되고, 약 44% 만이 지표면에 도달한다. 지구는 다시 이 에너지를 장파장의 적외선으로 방출하는데, 온실가스가 이 복사에너지의 일부를 흡수한다. 이산화탄소의 경우, 복사에너지의 적외선을 흡수하면 탄소 분자가 불안정해져, 안정 상태를 유지할 목적으로 에너지를 방출한다. 이렇게 방출된 에너지로 인하여 지구의 기온이 상승하는 현상을 지구 온난화라고 한다. 지구가 태양으로부터 직접 흡수하는 열이 1㎡당 평균 175와트인 데 비하여, 대기의 온실효과를 통하여 되받는 열은 330와트이다. 이는, 온실효과가 지표면 온도에 지극히 중요한 영향을 끼친다는 것을 말해주는 것이다. 사두르니(2006), p.13.

바 온실가스의 증가로 인하여 지구 온난화가 초래된다는 견해가 대세를 이룬다. 이는 산업화 과정에서 급속히 증가된 석유나 석탄 등 '화석연료'(fossil fuel)의 소비에 주로 기인한다. 대기 중에 존재하는 이산화탄소, 메탄, 아산화질소, 염화불화탄소, 오존, 수증기 등 온실가스의 농도가 높아지면, 이들이 흡수하는 장파의 복사에너지의 작용에 의하여 지구의 대기 온도가 상승한다. 온실가스는 지표면으로부터 복사되는 에너지를 차단하고 그것을 다시 지표로 되돌려 보내는 이른바 '역복사'(counterradiation) 작용을 한다. 온실가스는 이러한 작용-온실 효과-을 통하여 기온을 높인다.

온실가스 중에서 이산화탄소 한 분자의 지구 온난화에 대한 기여도는 낮지만, 전체 온실가스 배출량 가운데 80%를 차지하기 때문에 이산화탄소의 지구 온난화에 대한 기여도가 가장 높다. 그러나 이산화탄소의 기여율이 55%이고, 염화불화탄소의 기여율이 24%인 사실에서 드러나듯이, 다른 온실가스들의 영향도 결코 무시할 수 없다. IPCC는 온실가스가 지구 온난화에 기여하는 정도를 '지구 온난화 지수'(GWP : Global Warming Potential)로 규정하는 바, 이산화탄소의 영향을 1로 할 때, 메탄은 21, 아산화질소는 310, 염화불화탄소는 1,300 - 23,900이다. 또한 체류 시간이 긴 기체일수록 더 큰 온실 효과를 초래하는 데, 이산화탄소의 체류 기간은 100년, 메탄가스는 10년, 아산화질소는 100 - 200년, 염화불화탄소는 50 - 100년 정도로 알려져 있다. 특히 온실가스 가운데 지구 온난화에 가장 큰 영향을 미치는 이산화탄소의 농도는 산업혁명(280ppm) 이후 꾸준히 증가하여 현재 390ppm 정도에 이르고 있다.[2)]

1989년 현재 세계는 에너지 소비의 70% 정도를 석유, 석탄 등 화석연료에 의존하고 있다. 화석연료는 연소 과정에서 이산화탄소를 배출하기 때문에, 이산화탄소의 증가와 화석연료의 소모량은 비례 관계를 갖는다. 1900년 이전에는 화석연료의 사용으로 인한 이산화탄소의 배출량이 150억 톤에 불과했으나, 1950년대에는 796억 톤으로 증가함으로써 반 세기 동안에 646억 톤이 증가하였다. 나아가서 2,000년대에는 7,196억 톤으로 증가할 것으로 예상된다.

Ⅲ. 지구 온난화의 실태와 영향

1. 실태

1990년, '기후 변화에 관한 정부간 위원회(IPCC) 1차 보고서'에 의하면 지난 100년 동안 지구 표면의 대기 평균 온도가 0.3 - 0.6도 상승하였으며, 해수면 높이는 10 - 25cm 상승하였다고 한다. '2차 보고서'(1995)는 온실가스가 현재 추세대로 증가할 경우, 2100년의 지구 평균 기온이 1 - 3.5도 올라가고, 해수면도 15 - 95cm 상승하며, 중위도 지역의 기후대가 남북극을 향하여 150 - 550km 확산될 것으로 예상했다. '3차 보고서'(2001)는 지역에 따라서 20세기 100년 동

2) 권원태(2006), p.20. 온실가스 중 가장 중요하고 양이 많은 기체는 수증기이다. 자연적 온실 효과의 67% 정도는 수증기 때문에 생긴다. 구름도 수증기처럼 적외선을 흡수했다가 방출한다. 수증기와 구름의 온실효과는 특히 밤에 뚜렷이 나타난다. 공기가 건조하고 구름이 없으면 열이 대기권 밖으로 더 쉽게 빠져 나가기 때문에 사막 지대의 밤이나 하늘에 구름 한 점 없이 맑은 밤이 더 추운 것이다.

안 최고 5도 상승했고, 21세기 100년 동안에는 최고 5.8도 상승할 것이라고 전망을 수정했다(한국일보, 2001. 2. 20).

4차 보고서(2007)에서는 20세기 100년 동안 지구의 평균 기온이 0.74도 상승했고, 온실가스 감축 조치를 취하지 않을 경우 21세기 말까지 추가적으로 1.8 - 4.0도 상승할 것이라고 예측했다. 아울러 대기 중 온실가스 농도가 현 상태 - 2005년 기준 375ppm - 로 유지되는 경우에도 0.6도 추가 상승이 불가피할 것으로 전망했다. IPCC는 지구 평균 기온이 20세기 말을 기준으로 2도 이상 상승할 경우 물 부족, 30%가 넘는 생물종의 멸종 위험, 저위도 지역의 곡물 생산 감소 등 심각한 결과가 초래될 가능성을 경고했다. 동시에 기온 상승을 2도 이내로 안정화하기 위하여 범지구적 차원에서 2050년까지 이산화탄소 배출량을 2000년 수준에서 50 - 85% 감축할 것을 제안하였다(IPCC, 2007: 7, 8, 10, 20).

지구 온난화 추세 때문에 지구의 최고 기온 기록이 자주 경신되고 있다. 세계기후기구(WMO)에 의하면 기록상 가장 기온이 높았던 10개의 해가 불과 최근 12년 동안 발생했다고 한다(2007년 기준). 2006년의 경우, 세계 지표면 온도가 연평균(1961 - 1990년) 기온인 14℃보다 0.42℃ 상승한 14.42℃를 기록했다. 상대적으로 공업화가 더 진행된 북반구 지역은 지표면 온도가 연평균 기온보다 0.58℃ 더 높았으며, 남반구 지역은 0.24℃ 더 높았다. 이산화탄소가 지금까지와 같은 추세로 배출된다면, 10년에 약 8.6%씩 녹고 있는 북극의 빙산이, 2040년에는 거의 사라질 것이라는 예측마저 나오고 있다(한겨레신문, 2006. 12. 15).

2. 지구 온난화의 영향

지구 온난화는 가장 심각한 지구 환경 문제라고 해도 결코 과언이 아니다. 지구 온난화가 다른 환경 문제들 - 삼림 파괴, 생물종의 다양성 감소, 오존층 파괴 등 - 과의 상호 작용을 통하여 그것들의 원인이자 결과로 작용한다는 데서(Wilenius, 1996: 6), 우리는 지구 온난화의 광대한 영향을 엿볼 수 있다.

첫째, 지구 온난화는 해수의 팽창과 극지방 빙하의 해빙으로 해수면을 상승시킨다. 예컨대 남극과 그린란드의 빙하가 전부 녹을 경우, 해수면은 지금보다 60m 상승할 것이며, CO_2 농도가 2배 증가할 경우 산악 지역 빙하의 25% 이상이 감소할 것이라고 추정된다. 해수면 상승의 영향으로 국토의 침수, 농경지와 주거지의 감소, 해안 습지대의 소멸, 지반 침하, 식량 생산 감소, 삼림 파괴, 생물종이 다양성 감소 등의 환경 문제가 야기된다.

둘째, 1980년대 이후로 지구 온난화의 영향으로 여겨지는 자연재해가 속출하고 있다. 세계 각지에서 빈번히 발생하는 홍수, 가뭄, 태풍 등이 그것이다. 1990년 미국의 플로리다 주를 강타한 허리케인, 1993년 미시시피 강의 대범람, 1988년과 1991년 방글라데시를 덮친 태풍 등은 지구 온난화로 인한 수온 상승이 그 원인이라고 분석되었다. 그런가 하면 지구 온난화로 말미암아 고위도 지방에서는 겨울 기온과 여름 기온이 동시에 올라가고 있다. 앞에서 설명한 것처럼 중위도 지역의 기후대가 남·북극을 향하여 확대되고 있다. 강수량은 지구 온난화와 함께 3 - 5% 증가할 것으로 예상되지만, 건조한 지역에서는 토양의 수분이 증발되어 사막화되고, 습지대는 더욱 고온다습해

질 것이다. 게다가 빈번한 기후 이변으로 인하여 모기, 파리 등 해충이 늘어나 인간의 질병 발생률이 증가 추세를 보인다. 고온으로 인한 스트레스와 질병이 2배 정도 증가하고, 전염성 병원균의 이동으로 전염병 발병 분포가 변화할 것이다. 예컨대 말라리아, 황열 등의 열대성 질병이 고위도 지역으로 확산되어 우리나라에서도 매년 발병 사실이 확인되고 있다(환경부, 2005: 87).

셋째, 이산화탄소의 농도가 2배 증가하면 지구의 기온이 2.4 - 5.2도 상승한다. 지구 온난화로 말미암아 해수면이 상승하면, 저지대 국가들 - 네델란드, 방글라데시, 이집트 - 과 군소 도서국가(AOSIS) - 인도양의 맬다이브, 태평양의 투발루 등 - 들의 국토가 침수될 가능성이 점차 외면할 수 없는 현실로 밀려 오고 있다. 이 결과 농경지와 주거지가 부족하게 되고, 그리하여 삼림을 개간할 경우, 삼림이 치명적 손상을 입게 된다. 삼림이 파괴되면, 삼림이 생물의 서식지로서의 역할을 다할 수 없게 되어, 결국 생물종의 다양성이 감소될 수밖에 없다. 한편 해수면 상승에 따라 해수가 유입되면 식수와 농업용수가 오염되어 용수 부족 현상이 심각한 문제로 등장하게 된다.

넷째, 지구온난화는 식량 생산에 2중 효과를 가져 온다. 단기적으로 광합성 작용을 촉진하고 강우량을 증가시켜 식량 생산에 긍정적 결과를 가져오지만, 장기적으로는 해수면 상승을 통하여 농경지를 감소시키고 농업용수를 오염시켜 식량 생산이 감소한다. 우리나라의 경우, 온난화에 힘입어 다모작 농사가 가능하겠지만, 병충해가 늘어나고 토양이나 수질 오염이 심각해질 것으로 예상된다. 그리하여 아시아 지역에서는 최악의 경우 쌀 생산량은 78%, 옥수수는 19%가 감소될 것라는 예측마저 제기되고 있다.

지구 온난화는 예외 없이 우리나라에서도 심각한 환경 문제를 불러일으키고 있다. 1960년대 이후의 지속적 고도 경제성장은, 한편으로 생활수준의 향상을 가져 왔지만, 다른 한편으로는 심각한 환경 문제를 야기했다. 경제성장 위주의 개발 정책은 공장 부지의 확대, 광물의 이용 증가, 급속한 도시화, 편의 시설의 확충, 에너지 및 용수 수요의 증대 등을 통하여 자연자원의 활용도를 높임으로써 산업공해와 환경 파괴를 누적시켜 왔다.

20세기 75년 간 한반도 기온이 연평균으로 1.1도 올라갔으며, 이 가운데 지구 온난화의 영향이 0.7도, 도시화의 영향이 0.4도로 추정되고 있다. 1998년의 경우, 대기 중 이산화탄소 농도가 1997년보다 3ppm 가량 증가해서 370ppm에 달했다. 이 해의 증가량 3ppm은 연평균 증가량 1.5ppm의 2배나 되는 것으로서 1990년 이후 가장 높은 수치로 평가된다. 또한 전체 온실가스의 배출량은 1990년대 8년간 연평균 8%씩 증가한 것으로 알려지고 있다. 이산화탄소 농도가 2배 증가할 경우 한반도의 기온은 2.0 - 2,5도 상승하고, 여름철 강우량은 -25%에서 +30%로까지 변화 폭이 커져 극심한 가뭄과 홍수가 빈번하게 일어날 가능성이 높다.

21세기 말엽에는 지구 온난화의 결과로 남부 해안 지대 그리고 동해 남부 지대는 겨울이 거의 없는 아열대성 기후권에 속하게 되며, 중부 지방은 현재의 남해안 도서 지역과 유사한 기후가 될 것으로 예상된다. 이 같은 온난화로 자연 생태계의 교란이 일어나 식량 생산이 감소하게 될 것이다.

Ⅳ. 지구 온난화와 국제 규제 레짐

UNEP는 각국의 주요 정책 전환이 없을 경우 1990 - 2015년 사이에 세계 에너지 수요가 약 80% 증가할 것이므로 온실가스의 배출도 대규모로 증가할 것이라고 전망했다.[3)] 1996년 세계의 CO2 배출이 1995년보다 4억 톤이나 증가하여 1950년의 거의 4배에 달함으로써 역대 최고 수준 - 239억 톤 - 을 기록했다. 1997년에는 CO2의 대기 집적도가 지난 16만 년 간 최고 수준 - 360ppm 이상 - 을 기록하여, 국제사회가 적절한 공동 대응을 하지 않는 한 온실가스 배출이 계속 증가할 것임을 짐작케 한다.

화석연료의 소비 증가가 온실가스의 배출 증가로 이어지는 추세가 계속된다면 지구 온난화 문제는 악화될 것임에 틀림없다. 국제사회는 지구 온난화 문제의 해결책으로 국제 환경 레짐의 활동을 통한 에너지 소비와 온실가스 배출의 점진적 감축을 추진하고 있다. '기후 변화 협약'(UNFCCC), '교토 의정서'(Kyoto Protocol), 17회에 걸친 '당사국 총회'는, 지구 온난화의 위협에 '국제 환경 레짐'으로 대처하려는 국제 환경 협력의 산물이다. 국제사회가 장기적으로는 '지구 온난화 규제 레짐'(이하 '온난화 레짐')을 구축하는 과정에서 '기후 변화 협약'(1992), '베를린 회의'(1995), '교토 의정서'(1997), '헤이그 회의'(2000), 발리 회의(2007)는 징검다리 역할을 했다.

---

3) 최근 에너지 수요의 증가는 대부분 개도권, 특히 아시아에서 발생하는 관계로, 이 지역이 온실가스의 주요 배출원 중 하나로 급부상하고 있다. 1990년대 10여년간 유럽과 중앙아시아 일부 국가에서만 비정상적 경제 위기 때문에 온실가스 배출이 감소했다. UNEP(1999), p.24.

1. 기후 변화 협약(UNFCCC, 1992)

지구 온난화 개념 자체는 오래된 것이지만, 국제사회의 주목을 받게 된 것은 1980년대에 들어와서이다. 1980년대 중엽, 과학적 지식의 증가와 온실가스 증가의 부정적 영향을 인지한 과학계, 환경단체, 대중이 각국 정부에 대응을 촉구한 것에서 우리는 그 단서를 포착할 수 있다. 1985년 오스트리아의 '빌라흐(Villach) 회의'에서 온실가스의 역할에 관한 과학계의 합의가 이루어지기 시작했다. 1988년 6월 '토론토 회의'는 선진권이 기후 변화를 초래한 역사적 책임을 인정함과 함께, CO_2 배출량을 2005년까지 1988년 기준으로 20% 감축하는 데 주도적 역할을 담당하도록 촉구했다. 또한 '세계 기후 기금'을 설립하여 개도권의 감축 노력을 지원하도록 요구한 '토론토 선언'을 채택하기도 했다. 토론토 선언은 그 내용에 비추어 보면 이후 구축될 '온난화 레짐'의 한 초석이 되었다고 해도 과언이 아니다.

1988년 11월에는 '온난화 레짐'의 중요한 일각을 이루면서 그 진화에 촉진제로 작용한 '기후 변화에 관한 정부 간 위원회'(IPCC)가, '세계 기후 기구'(WMO)와 '유엔 환경 계획'(UNEP)의 주도 아래 창설되었다. IPCC는 다양한 분야의 학자들을 참여시켜 세계 과학계의 합의를 일구어 내는가 하면, 관련 분야의 국제 연구 활동과 상호 관계를 정립함으로써 지구 온난화 문제에 대한 진단과 처방의 권위를 인정받고 있다(Boehmer-Christiansen, 1993). IPCC는 이렇게 기후 변화에 관하여 합의된 지식을 제공함으로써, '온난화 레짐'의 협상 과정에 여러 차례 돌파구를 마련해 주었다.[4] 예컨대 온실가스 배출

4) Houghton et al.(1996). IPCC는 3개 working group으로 구성되어 있다. 'working

을 제한하는 조치가 취해지지 않는 상황을 전제로 한 IPCC의 'business as usual scenario'에 의하면, 지구의 평균 기온이 2025년에는 1도, 21세기 말에는 3도 상승하고, 해수면은 2030년에 20cm, 21세기 말에는 65cm 상승할 것이라고 한다(Houghton et al., 1990: xi). IPCC의 이런 분석이 기후 변화 협약 교섭 개시에 미온적이었던 선진국들을 설득하는 데 중요한 자극이 되었다. 그러한 기여가 무시할 수 없는 것이었다면, IPCC를 '온난화 레짐' 구축의 필수적 행위주체라고 해도 지나칠 것은 없다.

1990년 9월, 70여 국가 대표단이 참석한 가운데 WMO와 UNEP가 주관하는 1차 협상회의가 제네바에서 개최되었다. 같은 해 12월, UN 총회는 기후 변화 협약의 교섭을 개시하기로 결의하였다. 이후 UN 총회가 설립한 '국제 협상 위원회'(INC)와 그 사무국이 주관하는 '공식 협상 회의'에 100여 국 이상이 참여하여, 1991년 2월부터 1992년 5월까지 5기의 회의(sessions)가 열렸던 것에서, 우리는 국제사회의 온난화 레짐 구축 노력이 본격화되었음을 확인할 수 있다. 그런데 1-2기 회의에 제출된 제안 가운데 상당수가 개도권이 제출한 것이라는 사실은, 개도권이 협상 과정에서 단순한 방관자 지위에 만족하지 않고 자신들의 명백하고 특수한 입장을 표명할 것임을 시사하는 것이었다.

3-4기 회의에서 비로소 '기후 변화 협약'의 조항들을 구체적으로

---

group 1'은 지구 온난화 문제의 다양한 측면에 관한 과학적 정보를 분석하고, 'working group 2'는 이 문제가 환경 및 사회경제에 미치는 영향을 평가하며, 'working group 3'은 이 문제에 대한 현실적 대응 전략을 수립한다. 현재까지 IPCC는 4차 보고서를 발간하여 온난화 레짐의 구축을 자극했다.

논의했으나 '공동 이행 제도' (JI: Joint Implementation), '배출권 거래제'(ET: Emission Trading), 감축 목표와 일정, 구속력 있는 '의정서'의 필요성 등을 둘러싸고 '남·북'간의 갈등이 고조되었다. '남'은 지구 온난화 문제에 대한 '북'의 책임을 강조하면서 경제개발 우선 전략의 정당성 인정을 요구했고, 기후 변화 협약 지지의 대가로 재정 지원을 요구했다. 반면 '북'은 에너지 연비의 향상과 온실가스 배출 규제를 강조했다(Vogler, 2000: 137).

비록 INC가 활동을 시작한지 15개월 이내에 협상이 완료되어, 1992년 6월 '유엔 환경·개발 회의'(UNCED)에서 체결하는 데 성공했지만, 기후 변화 협약은 참가국들의 이익 갈등과 능력의 불균형을 반영하여 모호성으로 얼룩졌다.[5] 기후 변화 협약은 온실가스 배출량의 감축을 '의무'가 아닌 '권고' 사항으로 한 데다, 온실가스 배출 및 흡수 현황과 배출량 감축 전략의 공개 의무만을 부과한 것이었다. 구속력으로 지지되는 규칙의 결여가 국제 환경 레짐의 실효성을 약화시키는 것이라면, 기후 변화 협약은 온난화 레짐의 완성이 아닌 시발이라고 해야 마땅하다.

크라스너(Krasner)에 의하면 국제 환경 레짐의 주요 구성 요소인 '원칙'(principles)은 사실의 인과관계나 정확성에 대한 신념을, '규범'(norms)은 권리와 의무의 시각에서 규정된 행위 표준을 의미한다

5) '기후 변화 협약'은 '오존층 보호 레짐'의 전례를 좇아 체결된 명백한 '기본 협약'(framework convention)이다. 오존층 보호 레짐은 우선 구속력이 없고 추상적인 조치를 규정한 기본 협약-'비인 협약'-으로 레짐의 기초를 마련하고, 과학의 발전에 따라 구속력도 있고 구체적 조치도 규정한 '몬트리올 의정서'와 '수정 의정서들'로 레짐의 구축을 완성했다. '기후 변화 협약'의 조문은 유엔환경계획 한국위원회(2002), pp.143-239.

(Krasner, 1983: 2). 그런데 원칙과 규범의 구분이 어려울 뿐더러 분석적 가치도 없어서 양자는 자주 동의어로 쓰인다는 주장에 유의할 필요가 있다(Donnelly, 1986: 603). 온난화 레짐의 구축 과정에서도 양자는 혼용되고 있다. 기후 변화 협약에 의하면 온난화 레짐의 '원칙'은 인간이 초래하는 지구 온난화와 기후 변화의 가능성을 인정하는 것에서 출발한다.

그리하여 협약 2조에서 '기후 체제에 대한 인간의 위험한 간섭을 예방할 수 있는 수준으로 온실가스의 대기권 집적도를 안정화시키는 것'이 기본 원칙임을 분명히 하고 있다. 우리는 이로부터 온난화 레짐이 '예방'과 '안정화' 원칙에 입각한 것임을 간파할 수 있다. 예방 원칙은 구체적으로 '과학적 확실성의 부재가 필요한 조치의 채택을 방해하는 데 이용되어서는 안 된다'고 요구한다(3조 3항). 그런데 '예방' 원칙이 이미 발생한 지구 온난화를 더 악화 또는 가속화시킬 행위를 방지하자는 것이지, 그것이 일체 발생하지 않은 상태에서 새로운 발생을 규제하자는 것이 아닌 한, 온난화 레짐의 원칙은 '예방'보다는 '안정화'에 더 비중을 둔 것이라고 새겨야 맞다.

온난화 레짐은 또한 지구 온난화 문제가 역사적으로 선진권에서 발원되었으나, 개도권의 온실가스 배출이 증가하고 있다는 인식을 반영하여 '책임의 공유와 차별화'(common but differentiated responsibilities)를 주요 원칙으로 삼는다. 기후 변화 협약은 이 원칙을 적용하여, 협약의 당사국들을 '부속서 I 국가'(Annex I)와 '비부속서 I 국가'(non-Annex I)로 양분하고 규범을 차별화했다. 즉, 지구 온난화에 역사적 책임이 있는 선진국들을 부속서 I 국가 - 당시의

OECD 24개 회원국과 구동구권 11개국, 총 35개국 - 로 분류하고, 이들에게 우선 온실가스 배출량을 2000년까지 1990년 수준으로 감축하도록 '권고'했다(4조 2항). 비부속서 I 국가에 대한 재정 지원과 기술 이전(4조 3항, 5항), 그리고 지구 온난화의 부정적 영향에 대처하는 데 가장 취약한 국가들에 대한 특별 원조의 제공 또한 이들의 의무로 부과되었다(4조 4항).

국제 환경 조약의 준수를 저해하는 요인 중 하나가 이른바 '무임승차'(free-riding)이다. 국가들의 조약 준수 약속은 다른 국가들도 그렇게 한다는 보장을 전제로 한다. 따라서 보고 및 감시 장치와 정보의 투명한 공유는 온난화 레짐이 실효성을 확보하는 데 필수적으로 충족되어야 할 조건이다. 기후 변화 협약은 개도권 - 비부속서 I 국가 - 에게는 선진권 - 부속서 I 국가 - 과 함께 온실가스의 배출 및 흡수 현황을 보고하고, 온실가스 배출량의 감축을 위한 국가 전략의 수립과 시행을 공개할 의무를 부담하도록 했다. 우리가 이를 근거로 '책임의 차별화' 뿐만 아니라 '책임의 공유'도, 온난화 규제 레짐의 지배적 원칙이자 규범이라고 판단해도 지나칠 것은 없다.

국제 레짐은 활동 불능이나 의무 불이행 사태에 대처할 목적으로 '의사 결정 절차'를 구체적으로 규정해 놓음으로써 그 실효성을 확보하려 한다(Young, 1996: p.18). 온난화 레짐의 경우 국가의 공식 대표, 로비스트, 비정부기구(NGOs)가 참여하는 '당사국 총회'(COP)를 '최고 의사 결정 절차'로 설정했다. 당사국 총회를 보조하는 기구로는 실행 면에서 '이행 보조 기구'(SBI), 과학·기술 자문 면에서 '과학·기술 자문 보조 기구'(SBSTA)가 있고, 레짐의 모든 제도와 절차는 기후 변화 협약 사무국의 지원을 받는다.

기후 변화 협약은 이처럼 온난화 레짐의 원칙 규범, 절차를 마련하는 데서는 상당한 성공을 거두었지만 구속력이 있는 규칙의 도입에는 실패했다. 게다가 아직도 지구 온난화 문제는 전문가들만의 잔치 메뉴여서, '핵심 정치'(high politics) 의제 대열에 진입하지 못한 한계를 드러낸다. 온실가스 배출을 규제하려는 '온난화 레짐'은 이런 사정 때문에 초기 구축 단계에 머무르게 된다.

2. 베를린 회의(1차 당사국 총회, 1995)

기후 변화 협약은 그 협상 과정에서 국가들의 다양한 이해관계와, 이에 따른 다양한 연합들 간 - 예컨대 OPEC와 AOSIS, EU와 Umbrella Group - 의 경쟁 때문에 정치적 합의의 수준을 넘어서지 못한 것이 사실이다. 1995년 3월, 베를린에서 개최된 '1차 당사국 총회'(COP-1)는 이러한 한계를 극복할 목적으로 선진권의 의무 감축 목표 도입, 개도권의 감축 의무 부담, 의무 이행 방안을 논의하는 자리였다.

무엇보다도 기후 변화 협약을 보완할, 법적으로 구속력 있는 '의정서'를 1997년 3차 당사국 총회(COP-3)에서 채택하기로 합의한 것이 이른바 '베를린 위임 사항'(Berlin Mandate)이다. 구체적으로 그것은, 기후 변화 협약의 감축 목표 - 부속서 I 국가의 온실가스 배출량을 2000년까지 1990년 수준으로 감축하도록 권고 - 는 구속력이 없을 뿐만 아니라 불충분하기 때문에, 2000년 이후의 의무 감축 일정을 규정하기 위하여 법적 구속력이 있는 '의정서'를 2년 이내에 채택하기로 한 합의를 말한다.

온실가스 배출량의 차이를 고려하여 선진국 간에도 감축 의무에 차등을 두어야 한다는 주장과 함께 '선발 개도국'에도 감축 의무를 부과하자는 주장이 이 과정에서 제기되기도 했으나, 일단 선진국만 책임을 부담하는 것으로 결정이 내려졌다. 개도국들에게 당분간 감축 의무를 강요하지 않겠다는 결정은, '책임의 공유와 차별화'가 여전히 '온난화 레짐'의 주요 원칙으로 작동하고 있음을 환기시켜 주는 것이다.

다른 한편으로 이런 결정은 '온난화 레짐'의 구축 과정에서 개도국의 감축 의무 분담을 강하게 요구하던 미국이 유럽과 대립하게 되는 또 하나의 단서가 되기도 했다. 그러나 결국 선진권은 기후 변화에의 대응을 주도해야 하고, 구속력이 없는 현재의 협약은 부적절하며, 개도국들에게는 새로운 의무를 부과하지 않는다는 데 미국이 동의함으로써 '베를린 위임 사항'이 최종적으로 확정되었다.

베를린 위임 사항을 준비하기 위한 임시기구로 '특별 그룹'(AGBM)을 설치하기로 한 것 또한 이 회의의 괄목할 만한 성과로 지적할 수 있다. 특별 그룹은 2000년 이후 구체적 일정 내에서 양적 감축 목표를 설정하되, 감축의 실행을 가능하게 하는 정책과 조치를 수립하는 역할을 맡았다. '교토 의정서'(Kyoto Protocol)야말로 '특별 그룹' 활동의 산물이라는 점에서, 베를린 회의는 이행의 보장 또는 강제 면에서 온난화 레짐의 구축에 기여한 회의라고 평가할 만하다.

3. 교토 의정서(3차 당사국 총회, 1997)

1992년의 기후 변화 협약은 선진국들 - 부속서 I 국가들 - 에게 2000년까지 1990년 수준으로 온실가스 배출을 감축하도록 권고했다. 그러나 이것은 '비구속성 국제협약'(non-binding international agreement)이어서 지구 온난화를 억제하는 데 한계를 가질 수밖에 없었다. '교토 회의'에서는 '베를린 위임 사항'에 따라 구속력이 부여된 감축 목표와 일정을 최초로 합의하는 데 성공했다. 그러나 미국과 EU간의 이해관계와 여건의 차이에 따른 국가이익의 충돌이 합의를 지체시켰다는 점에도 유의해야 한다.

미국의 기본 목표는 '신축성 기제'(flexible mechanism)와 기술 개발로 경제에 주는 타격을 완화하면서 과학적 연구로 지구 온난화의 불확실성을 제거하는 것이었다. 당시 클린턴 행정부의 일관된 협상 기조는,

첫째, 법적으로 구속력 있는 '단기적' 감축 목표 - 2010년 이전까지 감축 - 는 수용할 수 없으나 '중장기적' 감축 목표는 수용할 수 있다.

둘째, '신축성 기제'를 폭넓게 허용하여 국가에게 감축 속도 조절 재량권, 배출 목표 대응 정책의 자유, 조치 선택의 자유를 부여해야 한다.

셋째, 모든 온실가스(CO_2, CH_4, N_2O, HFCs, PFCs, SF_6)와 흡수원(sinks)의 인정을 포함하는 포괄적 접근법을 관철한다.

넷째, 베를린 회의에서의 합의에도 불구하고 개도권도 온실가스 배출 감축 의무를 분담해야 한다는 것이었다(Agrawala & Andresen,

1999: 462-464).

반대로 EU는, '특별 그룹'(AGBM) 협상에서 친규제적 정책과 조치 - 탄소세, 에너지세, 1990년 기준으로 15% 감축 등 - 를 강경하게 주장하는 일방, 타방으로 회원국들의 참여를 유도할 목적으로 EU 전체가 온실가스 감축 의무를 공유하는 이른바 'EU Bubble'을 제안했다. 그러한 제안의 저변에는 감축 목표를 충분히 달성할 수 있을 뿐더러 EU 회원국들의 통합을 강화할 계기가 될 수 있다는 확신이 깔려 있었다는 점에서, 양측 간 대립의 근본 원인이 국가이익의 충돌이었음을 어렵지 않게 유추할 수 있다.

결국 미국을 포함한 Umbrella Group - 카나다, 일본, 오스트레일리아, 뉴질랜드, 러시아, 우크라이나 등 - 이 EU Bubble과 단기 감축 일정을 수용하는 대신, 유럽이 6개 온실가스 포함, 1년이 아닌 다년간 감축 일정(2008 - 2012년 간), 흡수원, 신축성 기제를 수용함으로써 '교토 의정서'를 채택할 수 있게 되었다. 이로써 '온난화 레짐'의 구축이 한 걸음 더 진전될 수 있었다.

2000년 이후의 온실가스 감축 목표 및 그 이행 방안을 규정한 '교토 의정서'는 1997년 12월 10일 채택되었다. 우리는 우선 온난화 레짐의 규칙이 보다 더 구체화되었다는 데서 교토 의정서의 의의를 찾을 수 있다. 흔히 국제 레짐의 '규칙'(rules)은 구체적 행동 표준이나 규제를, 즉 행위주체들이 규정된 방식에 따라 행동하도록 요구하는 일반적 원칙을 가리킨다. 의정서 2조(정책과 조치)는 온난화 레짐의 모든 당사국들에게 행동 규칙으로 에너지 효율 향상, 흡수원(sinks)의 확대, 지속 가능한 농업의 증진, 화석연료에 관한 시장의 불완전성 제거, 온실가스 배출의 감축을 요구한다. 그러나 교토 의정서의 진정한 핵심은 온실가스의 감축 책임의 분배에 관한 규칙이다.

의정서는 기후 변화 협약의 '책임의 공유와 차별화' 원칙을(4조 2항) 적용하여, 우선 '부속서 I 국가' - 주로 선진국들 - 에게만 온실가스의 감축 책임을 부여하기로 했다. 구체적으로 미국과 EU의 주장을 절충하여 부속서 I 국가들에게 1990년의 배출량을 기준으로 2008-2012년에 평균 5.2%를 감축하도록 하되, 국가별로 -8%에서 +10%까지 차등 부과했고(표1 참조) EU에게는 EU Bubble을 인정하기로 했다.[6)]

〈표-1〉 교토의정서의 주요 내용

	주요 내용		
부속서 I 국가의 온실가스 감축 목표	감축 목표 년도	2008년~2012년	
	감축 대상 온실 가스 및 기준년도	CO_2, CH_4, N_2O : 1990년 기준 HFCs, PFCs, SF6:1995년 기준	
	국가별 온실가스 감축 목표	-8%	유럽연합, 동유럽 국가, 스위스
		-7%	미국
		-6%	일본, 카나다, 헝가리, 폴란드
		-5%	크로아티아
		0%	러시아, 뉴질랜드, 우크라이나
		+1%	노르웨이
		+8%	오스트레일리아
		+10%	아이슬랜드
기타	· 신축성 기제(배출권 거래제, 공동이행제도, 청정개발체제)의 도입 · sinks(흡수원)에 의한 온실가스 흡수분의 제한적 인정 합의 - 1990년 이후의 식목, 재식목, 벌채에 의한 흡수원의 변화 인정		

6) EU Bubble은 EU 전체로는 평균 8%의 온실가스 감축 목표를 설정하되, 회원국 각자에게는 사정에 따라 상이한 수준에서 온실가스의 감축 또는 증가 목표를 설정하여 달성하도록 한 것이다.

'특별그룹' 회의와 교토 회의에서 가장 논란이 됐던 문제는 규제 대상 온실가스의 범위였다. 규제 대상 온실가스는 미국의 주장을 받아들여 CO_2(이산화탄소), CH_4(메탄가스), N_2O(아산화질소), HFCs(수소불화탄소), PFCs(과불화탄소), SF6(육불화황)로 규정했다. 흡수원 역시 미국과 Umbrella Group의 주장을 반영하여 산림 등을 흡수원으로 인정하기로 했다. 그러나 흡수원의 온실가스 흡수량은 1990년 이후 토지 이용의 변화 및 조림 사업분을 국가별 배출량 산정 시 보정키로 하고, 구체적인 산정 규칙과 지침은 향후 당사국 총회에서 결정하기로 했다.

교토 회의에서 가장 큰 논란을 빚어냈던 또 하나의 문제는, 감축 목표의 달성과 밀접한 관계가 있는 '신축성 기제'(flexibility mechanism)의 허용 범위였다. 국제사회는 그 동안 탄소세, 시장 의존적 거래 허가제 등 다양한 온실가스 감축 방안을 모색해 왔다. 의정서 17조는 이런 시도들을 최초로 국제 제도화한 것이다. 즉, 부속서 I 국가들이 합의한 감축 목표를 보다 손쉽게 달성할 수 있도록 하기 위하여, 시장 의존적인 '신축성 기제' - 배출권 거래제, 공동 이행 제도, 청정 개발 체제 - 를 도입하기로 합의한 것이다.

'배출권 거래제'(ET)는, 지구 전체의 일정한 온실가스 배출 총량을 각 국가에 배출 한도로 분배한 후, 배출량이 한도에 미달할 경우 부속서 I 국가와 그 기업들은 잉여분을 배출권 형태로 다른 국가에 판매할 수 있고, 한도를 초과할 경우 다른 국가로부터 배출권을 구매하여 초과분을 상쇄할 수 있는 제도이다.

'공동이행제도'(JI)는 부속서 I 국가나 기업이 다른 부속서 I 국가에 투자하여 온실가스를 감축한 경우, 이것을 전자의 배출 감축분으로 인정하는 제도이다. 단, 공동이행제도에 의한 감축은 순수한 국내 감축 활동에 대하여 보완적이어야 한다는 조건을 충족시켜야 한다(6조 1항).

'청정개발체제'(CDM)는, 부속서 I 국가가 비부속서 I 국가에서 사업을 수행한 결과로 온실가스 감축이 발생한 경우, 이것을 부속서 I 국가의 감축분으로 인정하는 제도이다. 청정개발체제는 이처럼 시장 기제에 의존하여 선진국의 감축 의무 이행을 용이하게 하면서, 동시에 개도국의 경제개발도 지원하는 이중 효과를 겨냥한 제도이다.

신축성 기제의 도입은, 선진국의 감축 의무 이행을 지원할 목적으로 그들에게 일종의 시장경제적 인센티브를 준 것이나 마찬가지이다. 선진국의 의무 이행에 신축성을 부여한 '신축성 기제'가 없었더라면 교토 의정서의 합의는 불가능했을지도 모른다.[7] 문제는 흡수원 및 신축성 기제의 세부 운영 규칙 작성을 차기 당사국 총회로 넘겼다는 데 있다. 기대와는 달리 규칙 체계를 완비하지 못했기 때문에, 온난화 레짐의 구축도 완료되지 못하는 한계에 봉착한 것이다. 뿐만 아니라 양자의 운영 세칙을 마련하는 문제가 향후 당사국 총회의 주요 의제로 자리 잡게 되었으나, EU와 Umbrella Group 간의 대립을 심화시켜 '온난화 레짐'의 진전을 저해하는 주요 요인으로 작용했다는 것도 주목을 요한다.[8]

---

7) 그런데 '보완성' (supplementality)의 원칙은, 신축성 기제를 활용하여 국가의 감축 목표 전부나 과반을 달성하는 행위를 금지한다. 이 기제에 의한 감축이 국내 감축 활동을 대체할 수는 없고, 단지 보완적이어야 한다는 것이다. 또한 신축성 기제를 도입하더라도 예측과 계산의 오류에 의하거나 경제 불황 등에 의하여 발생하는 '자연 감축분'(hot air)의 거래도 불허하기로 했다.

교토 회의가 기존의 비구속성 협약 - 기후 변화 협약 - 에 구속성 협약 - 교토 의정서 - 을 더함으로써 온난화 레짐의 구축 작업이 완료될 수도 있었다. 구속력 있는 감축 책임의 분배 규칙을 완비했더라면, 그리하여 국제 레짐의 핵심 구성 요소인 규칙 체계를 확립했더라면, 온난화 규제 레짐의 구축은 완성 단계에 도달할 수도 있었다. 그러나 신축성 기제와 sinks의 시행 세칙을 제정하지 못해서 여전히 규칙 체계는 미완의 상태에 머물러야 했고, 따라서 레짐의 완성은 미래의 과제로 넘겨졌다.

4. 헤이그 회의(6차 당사국 총회, 2000)

2000년 11월 헤이그에서 개최된 6차 당사국 총회는 2002년까지

8) 온난화 레짐이 교토 의정서의 체결 이후에도 진전되기는 커녕 답보 상태를 면하지 못하게 된 데는, 각국이 처한 현실이 제약 요인으로 작용한 탓도 있다. 미국의 경우 당시 세계 최대의 CO_2 배출국이었음에도 7%의 감축 목표를 수용했다. 그러나 오존층 파괴 물질을 효율적으로 감축한 것과는 대조적으로, CO_2의 배출 감소에는 실패하여 여전히 막대한 온실가스를 배출했다. 미국의 2000년도 온실가스 배출은 1990년 수준을 상회했다. 유럽의 온실가스 배출량은 세계 배출량의 약 1/3을 차지한다. 1990-1995년에는 경제 불황, 독일의 산업 구조 조정, 발전 연료의 가스로의 전환 등으로 인하여 서유럽의 1인당 CO_2 배출량이 감소했다. 중동 유럽에서는 경제 구조 조정과 이로 말미암은 경제 활동의 위축으로 더 감소했다. 그러나 경제가 회복되어 경제 활동이 정상화되면 유럽의 CO_2 배출이 다시 증가할 것이라는 전망에 유의해야 한다. UNEP(1999), p.114. 유럽의 온실가스 배출 감축-2010년까지 8%-도 이러한 사정에 비추어 보면 달성 불가능한 것이라고 해야 타당하다. 일본의 경우도 에너지 소비 증가로 온실가스 배출이 증가했고, 다른 Umbrella Group 국가들도 비슷한 증가세를 보였다. Jacoby& Reiner(2001), pp.300-301. 증가분까지 계산에 넣을 경우, 미국은 약 30%를 그리고 유럽은 약 17%를 감축해야 한다. 현대 산업국가가 단시간 내에 에너지 집약적 산업 구조와 생활양식을 동시에 변경한다는 것이 무망에 가까운 일이라면, 교토 의정서의 온실가스 감축 목표 또한 비현실적인 것이라고 해석할 여지는 있다.

교토 의정서의 발효가 가능하도록 국가들의 비준을 유도하고,9) 의정서의 운영 세칙을 확정하는 데 목적이 있었다. 그러나 남·북 간의 대립에 북·북 간 - EU와 Umbrella 그룹 간 - 의 갈등마저 중첩되어 합의 도달에 실패하고 말았다. 개도국의 협상 참여 배제, 개도국에 대한 재정 및 기술 지원과 의정서의 준수 의무에 관한 합의 도출 실패, 청정 개발 체제와 이 체제에서의 sinks의 역할에 관한 이견, 미국 대통령 선거의 향배 불투명 등이 거기에 작용했다(외교통상부 국제경제국, 2000. 12. 30: 9-10).

헤이그 회의가 교토 의정서의 핵심 요소에 대한 당사국들의 이견 조정에 실패했던 한, 온난화 레짐의 구축이 당분간 침체와 불확실성의 시대와 마주하게 된 것은 어쩔 수 없는 일이었다. 지구 온난화의 도전에 효과적으로 대응하기 위해서는 국제 환경 레짐의 개발이 필수적인 것임에도, 헤이그의 실패로 말미암아 온난화 레짐의 제도화는 미흡한 수준에 머무르게 된다. 이 단계까지의 온난화 레짐은 규칙 체계에 관한 최종 합의를 이루지 못한 '미완의 레짐'이었다고 해도 과언이 아니다. 그렇다고 헤이그 회의의 한계가 온난화 레짐을 막다른 골목으로 몰아넣었다고 단정할 필요는 없다.

당사국들이 비록 합의에 도달하지는 못했지만 상대국의 입장을 보다 선명히 인식하게 되어, 미래의 협상을 위한 보다 건강한 기반을 마련한 진전도 있었던 것이다. '신축성 기제'에 대한 유연한 접근과 '개도국'의 협상 과정 참여가 차기 회의 성공의 중요한 관건이라는

---

9) 교토의정서는 55개국 이상이 비준하고, 비준한 부속서 I 국가의 CO_2 배출량의 합계가, 1990년을 기준으로 부속서 I 국가 전체 배출량의 55% 이상을 차지하는 날부터 90일 이후 발효된다.

것을 각 당사국과 협상 그룹들이 학습하게 된 것이다. 그리하여 2001년 7월 '본 회의' - 6차 당사국 총회의 속개 회의 - 에서는,

첫째, 개도국을 위한 3개 기금 - 교토 의정서 적응 기금, 기후 변화 특별 기금, 최빈국 기금 - 의 설립,

둘째, 신축성 기제의 이용은 온실가스 감축을 위한 국내 조치에 대하여 보완적이어야 한다는 '보완성의 원칙'(supplementality),

셋째, '흡수원'(sinks)의 인정,

넷째, 감축 의무 불이행에 대해서는 법적 구속력이 있는 조치를 적용하는 의무 준수 체제의 도입에 원칙적으로 합의했다(외교통상부 국제경제국, 2001. 10. 17: 1-6).

2001년 10월 '마라케시 회의' - 7차 당사국 총회 - 에는 165개국 대표단이 참석하여 '본 회의'의 결정을 보완하는 형태로 합의안을 도출했다. 교토 의정서의 체결 이후 4년 여 동안 계속되었던 혼란에 종지부를 찍고 EU, 러시아, 일본, 우크라이나의 참여로 2002년에 의정서가 발효될 수 있도록 새로운 발판을 마련한 것은, 이 회의의 기여로 기록되어야 마땅하다. 온난화 레짐의 구축이 이로부터 다시 전진할 수 있게 되었기 때문이다. 합의의 골자를 살펴보면,

첫째, 온실가스 감축 의무 미이행국의 신축성 기제 참여 문제는 의무 준수의 구속력과 관련이 있으므로 8차 당사국 총회(2002)에서 다루기로 했다.

둘째, 흡수원 문제와 관련해서는 러시아 흡수원의 온실가스 흡수량을 1700만 톤에서 3300만 톤으로 상향 조정했다.

셋째, 온실가스 감축 의무를 이행하지 않은 국가에게 취하는 조치

에 법적 구속력을 부여하는 문제-의무 준수 체제-는 차기 당사국 총회에서 결정하도록 권고했다.

넷째, 청정 개발 체제, 공동 이행 제도 등으로 인하여 발생한 온실가스 감축량이 감축 목표를 넘어설 경우 2차 공약 기간(2013 - 2017년)으로 이월할 수 있으나, 흡수원에 의한 감축량은 이월할 수 없도록 결정했다.[10)]

5. 발리 회의(13차 당사국 총회, 2007)와 코펜하겐 회의(15 당사국 총회, 2009)

2007년 발리 회의는, 국제사회의 지구 온난화 공동 대응에 전환의 계기를 마련했다. 이 회의에서는 포괄적이고 실질적인 교토 의정서 이행 방향에 관하여 합의하고 '발리 행동 계획'(Bali Action Plan)을 채택했다. 선진국은 기왕의 감축 의무를 계속 이행하고, 개도국은 재정 및 기술 지원을 전제로 새롭게 '자발적 감축' (Nationally Appropriate Mitigate Action : NAMA)에 들어가기로 합의했다. 전 지구적 장기 감축 목표를 포함한 공유 비전, 국가별 · 국제 감축 행동, 적응 행동, 기술 개발 및 이전, 재정 지원 등 관련 문제들을 논의하기 위하여 '장기 협력 활동을 위한 임시작업반 회의'(Ad Hoc Working Group on Long Term Cooperative Action)도 설치하기로 합의하였다. 발리 회의는 온실가스 배출량 감축을 단일 경로 - 선진국

10) 중앙일보, 2001. 11. 26. '본' 회의와 '마라케시' 회의의 결정이 신축성 기제의 시행세칙을 마련했다는 의미를 가질 수 있지만, 교토 의정서의 발효라는 정치적 목표 때문에 온실가스 감축이라는 본연의 목표를 희석시켰다는 비판도 없지 않다.

의 의무 감축 - 에서 복수 경로 - 선진국의 의무 감축과 개도국의 자발적 감축 - 로 이원화함으로써, 사실상 대부분의 국가들을 감축 대열에 참여하도록 했다는 점에서 중요한 변화를 일구어 냈다.

2009년의 코펜하겐 회의에는 '포스트 교토 체제' - 2012년 이후의 감축 체제 - 에 관한 합의를 도출하기 위하여 100여 국의 원수 내지는 정부 수반이 참석했다. 회의 기간 중 미국, 중국, 한국 등 30여 국의 국가 대표가 참석한 정상급 비공식 회의에서 공유 비전, 적응 행동, 부속서 I 국가의 계량화된 감축 목표와 개도국의 감축 행동, 삼림 보호, 2010-2012년 간 300억 달러의 단기 재원과 2020년까지 연간 1,000억 달러의 재원 조달 등의 합의를 담은 '코펜하겐 합의'(Copenhagen Accord)를 도출했다(UNFCCC, 2009). 그러나 당사국 총회는 볼리비아, 수단 등의 일부 개도국의 반대에 가로막혀 이 합의를 결정문으로 채택하지 못했다. 코펜하겐 합의가 공식 결정문이 되지 못한 결과, 후속 현상 회의에서 협상의 기초로 활용되지 못하는 한계에 직면하게 된다(신연성, 2011). 코펜하겐 회의의 실패는 교토 체제의 진화를 무산시켰고, 칸쿤 당사국 총회는 이런 한계를 극복해야 하는 과제를 안고 열렸다.

2010년 말엽에 열린 '칸쿤 회의' - 16차 당사국 총회 - 는 이른바 '칸쿤 합의' - 공유 비전, 기후변화 적응, 온실가스 감축, 개도국에 대한 재정·기술 지원과 능력 배양, 삼림 보호 등에 관한 합의 - 를 총회 결정문으로 채택했다. 칸쿤 합의는 코펜하겐 합의의 내용과 구조를 토대로 녹색기후기금 설치 등 일부 진전된 내용을 담았고, 당사국 총회의 결정문으로 채택되었다는 점에서 의미가 적지 않다. 칸쿤 회의는 이에 따라 국제사회의 기후변화 협상에 후퇴 대신 진전을 안기는 성과를 거두기도 했으나, 온실가스 감축의 구체적 목표와 제도적 장치에 관한 선·후진국 사이의 이견을 해소하지 못했다. '포스트 교토 체제' – 2012년 이후의 온실가스 감축 체제 – 에 관한 최종 합의를, 결국 2011년의 17차 당사국 총회 이후의 협상 과정으로 전가하는 한계를 드러낸 채 회의는 막을 내렸다.

6. 더반 회의(17차 당사국 총회, 2011)

2011년 12월에 열린 더반 회의는 두 가지 면에서 중요한 합의를 도출했다. 첫째, 2012년에 만료되는 1차 감축 기간에 이어, 2013년부터 2018년까지를 2차 감축 기간으로 설정하고 '부속서 I 국가'들이 의무 감축에 참여하기로 했다. 그러나 2차 의무 감축 기간에 행할 감축 목표의 확정을 2012년의 18차 당사국 총회로 미루는 한계를 드러내기도 했다. 둘째, EU 중심의 선진국, 군소 도서국가, 아프리카 국가들의 강력한 압박에 따라 2020년 이후 모든 당사국-개도국 포함-이 참여하는 새로운 감축 체제를 출범시키기로 합의했다. 새로운 감축 체제에는 그 동안 교토 의정서의 비준을 거부했던 미국과 비부속서 I 국가였던 중국과 인도 등 개도국이 의무 감축에 참여하게 되었다. 법적 구속력이 있는 감축 체제의 출범 협상은 2012년 상반기에 시작하여 2015년에 종료하기로 했다.

더반 회의에서 이와 같은 진전이 이루어졌음에도 불구하고 카나다, 일본, 러시아 등은 세계 온실가스 배출량의 60%를 차지하는 중국, 미국, 인도의 불참에 반발하여 온난화 레짐으로부터의 탈퇴를 공언하고 있다. 세 국가가 탈퇴를 강행하면 나머지 부속서 I 국가들이 장차 합의될 2차 감축 목표를 이행하더라도, 세계 온실가스 배출 총량에서 차지하는 비중-카나다의 주장으로는 13% 미만-이 적기 때문에 의미 있는 감축이 되기 어렵다(중앙일보, 2011. 12. 12, 2011. 12. 14 ; http://www.me.go.kr/web/286/me/common/board/detail.do?idx=179946&decorator=me&boardId=notice_02 : 검색일 2011. 12. 13). 그렇다면 온난화 레짐이, 새로운 감축 체제가 발족하는 2020년까지 실효성을 상실한 채 형해화된 감축 체제로 존속할 가능성도 배제할 수 없다.

V. 국제 규제 레짐의 한계

지구 온난화는 자연환경과 인간사회에 부정적 영향을 다양하게 미치는 문제로서, 각국의 국가이익에 손상을 가할 수 있을 뿐만 아니라 세계질서를 교란할 가능성이 더 커지고 있음을 우리는 나날이 경험하고 있다. 지구 온난화는 그런 만큼 국제사회의 통합적 대응을 요구하는 문제이다. 그러나 오존층 레짐은 기왕의 대응이 주효하여 성공을 거둔 사례로 간주되지만, 온난화 레짐은 기왕의 대응이 적절하지 못하여 기존의 문제가 연장되거나 악화된 실패 사례로 평가되는 것이 현실이다.

1. 문제의 복합성과 과학기술의 불확실성

지구 온난화는 오존층 파괴보다 더 오래 전부터 알려진 문제였으나 정치 의제로 등장한 것은 1980년대 이후의 일이다. 이전까지는 과학자들도 인간의 활동에 의하여 지구가 온난화되고 있다는 가설을 배척할 정도였다. 1988년 '토론토 회의'(WCAC)에서는 1988년을 기준으로 2005년까지 온실가스를 20% 감축해야 한다는 이른바 '토론토 목표'(Toronto target)가 제시되었다.

같은 해에 설립된 'IPCC'는 지구 온난화에 관한 과학적 발견을 근거로 정책 결정자들에게 신속한 대책 수립의 필요를 경고함으로써 '기후 변화 협약'과 '교토 의정서'의 채택에 일조했다. 문제의 복합성과 과학·기술의 불확실성이 상호 작용한 결과, 지구 온난화의 가능성을 최초로 인지한 이후 그것에 대응하는 국제 환경 레짐을 구축하는 데 1 세기나 걸린 것이다. 온난화 레짐의 구축은 인간과 국가 그리고 지구의 미래에 매우 중요한 것이지만, 문제의 복합성 때문에 그 협상 과정이 복잡성과 지체성에 시달리게 된다(Ramakrishna, 1996: 222).

'오존층 파괴'는 인과관계가 단순한 상태에서, 명백한 형태로 인간세계를 위협하기 때문에 해결책에 관해서도 상대적으로 논란의 여지가 적었다. 그러나 '지구 온난화'는 인과관계가 매우 복잡한 문제여서 아직도 실효적 해결책을 찾지 못한 채 미결 과제로 남아있다. 지구 온난화에 영향을 미치는 다양한 '온실가스'와 그것을 흡수하는 '흡수원'(sinks)의 역할이 매우 복합적이어서 과학기술은 상당한 불확실성을 떠안게 된다. 지구 온난화에 관한 한 과학·기술이 상당한 불확실성과 논쟁을 동반하는 이유를 여기서 찾아볼 수 있다.[11] 지구 온난화는 복합성과 다양한 잠재적 가능성을 내포하고 있어서, 온실가스의 배출 규제가 자연환경의 변화와 인간사회의 생존에 미치는 영향을 파악하기가 결코 쉽지 않다.[12] 환경 변화에 대한 지구 온난화의 잠재적 영향은 대규모이지만 불확실하고 심대해서, 한편으로는 과학·기술의 한계를 노출시키고 다른 한편으로는 온난화 레짐의 신속한 구축을 가로 막기도 한다.

환경 문제의 원인 및 해결책에 관한 공동의 인식이 널리 존재하면 국제 환경 협력은 더 쉽게 자발적으로 이루어질 수 있지만, 합의된 지식이 없다면 두터운 장벽과 마주칠 가능성이 높다.(Young & Oshrenko, 1993: 244) 다수의 국제 환경 레짐 구축 사례에서 그랬듯이, 합의된 과학적 지식은 온난화 레짐의 구축에도 직접적으로 영향을 주었음이 분명하다. IPCC는 주로 OECD 국가들이 발표한 초기의 지구 온난화 관련 보고서가 개도권의 불신을 산 전례와 오존층 레짐의 구축 사례에 비추어, 과학계의 합의 도출에 주력했다.[13] 그리하

---

11) 대부분의 기상학자들은 지구 온난화를 방치할 경우, 100년 후에는 기온이 섭씨 3-4도 상승할 것이라고 주장한다. 그러나 MIT의 린젠(Richard Lindzen) 교수는 지구가 점차 온난화될 것이라는 데는 동의하면서도, 상승 폭은 1도 미만으로 미미할 것이라고 반박한다. 즉, CO_2의 증가로 말미암아 따뜻해진 구름이, 차가운 구름보다 비를 내리는 데 더 효과적이며, 이는 결과적으로 대기권의 습기를 줄이고 온실효과를 약화시킨다는 것이다. 조선일보(2001. 7. 20).

12) 예컨대 우리는 지구 온난화의 복합성과 과학기술의 불확실성으로 말미암아 얼마나 많은 생물종이 지구에서 사라지고 있는지, 그 영향이 어떻게 나타나는지를 정확히 알지 못한다. 이에 대응하여 국제사회는 '리우 선언'의 '원칙 15'에서 "과학적 불확실성이 환경 파괴를 방지하기 위한 비용 효과적 조치를 지연시키는 구실로 이용되어서는 안 된다"고 합의했다. 지구환경대책기획단(1992), p.9.

13) 몬트리올 의정서가 UNFCCC에 미친 또 하나의 영향은 새로운 과학적 증거가 발견되면 더 강력한 규제 조치가 가능하다는 것이었다.

여 IPCC를 중심으로 한 과학계의 의견 통일이 국제 규제의 범위, 수준, 주체를 결정하는 데 영향을 미쳤다. IPCC는 이렇듯 다수의 국가가 수용할 수 있는 합의된 과학적 지식을 개발하여 온난화 레짐의 구축 과정에 적지 않은 영향력을 행사했다.

IPCC가 과학계의 합의를 도출하는 데 성공했다고 하더라도, 완벽하게 탈정치화되고 객관적인 과학 지식을 정립한다는 것은 망상에 가까운 것이다. 미국이 교토 의정서의 비준을 거부한 사례에서 알 수 있듯이, 국가이익의 충돌은 과학계의 합의 도출을 저해하거나 도출된 합의마저 유린하기 일쑤이다. 또한 합의된 지식이 반드시 확고부동한 진리를 대변한다는 보장도 없다.

문제는 IPCC의 과학자들이 공식적 합의와 다른 견해를 가졌어도 공개적으로 발표할 수 없게 되었다는 것이다. 즉, 과학적 합의를 유지하기 위한 노력이 논쟁의 기회를 박탈한 결과, 논쟁의 발전을 통해 과학·기술의 불확실성을 제거할 기회를 자주 놓치게 된 것이다. 나아가 합의로 말미암은 논쟁의 축소는 대중의 관심을 자극하는 데도 장애로 작용하여 온난화 레짐을 지지하는 방향으로의 대중 동원을 어렵게 만들기도 했다. 과학·기술은 이처럼 불확실성을 극복함으로써 온난화 레짐의 진화에 기여하기도 했지만, 다른 한편으로는 그것을 미결 상태로 남겨 놓음으로써 레짐의 진화를 저해하기도 했다.

2. 이행과 준수의 실효성

국제 환경 레짐과 그 규칙의 실효성은 국내법과 정치 체제를 통한 당사국의 준수, 즉 조약의 비준, 실행법 제정, 규제 세칙 실행 정도에 따라 달라질 수 있다.[14] 그렇다면 '온난화 레짐'의 성패도 각국이 법적 구속력과 구체적 의무를 규정한 '교토 의정서'에 언제 어떻게 동의하고 분명한 책임, 목표, 일정을 수행할 규범, 규칙, 입법 조치를 얼마나 실행하느냐에 상당 부분 달려 있다고 해도 과언이 아니다. 이행 및 준수 기제의 활용 가능성은 이렇듯 온난화 레짐의 구축 과정에서도 중요한 역할을 담당한다. 지구 온난화 문제의 도전에 효율적으로 대처하려면, 국제 환경 의무의 이행 및 준수가 중요하다. 역으로 국가의 환경 의무 불이행은 온난화 레짐의 실효성을 제한하고 세계질서의 불안정을 초래할 수 있다.

온난화 레짐이 목표를 달성하려면, 더 엄밀한 환경 표준의 설정과 준수 의무의 강제 기제가 필요하다. 그런데 온난화 레짐이 규정한 의무를 국가가 준수하지 않을 경우 누가 국가에 준수를 강제할 수 있는가? 온난화 레짐은 국가가 준수 의무를 이행하도록 하기 위하여 어떤 조치를 취해야 하는가?

1992년의 기후 변화 협약은 '온난화 레짐'의 당사국들에게 온실가스의 배출 및 흡수 현황을 보고할 의무를 부과했다. 당사국들은 이로써 레짐의 규칙을 은밀하게 위반하기가 어려워진 반면, NGOs는

---

14) Young(1996), pp.11-12. 이행과 준수는 국제 환경 레짐이 문제를 해결하고 목표를 달성하는 데 필수적이다. 그렇다고 해서 양자가 레짐의 실효성에 대하여 유일한 필요·충분조건으로 작용하는 것은 아니다. 국제 환경 레짐의 결정이 부적절할 수도 있다는 점에서 완벽한 준수가 문제 해결의 유일하고 충분한 전제 조건은 아니다. 예를 들면 초기 '포경 레짐'의 경우 준수의 정도는 높았으나 국제 포경 위원회(IWC)가 할당한 포경 쿼터는 고래 자원을 회복하는 데는 미흡했다. 역으로 이행과 준수가 충분하지 않아도 문제의 해결이 가능한 경우도 있다. '오존층 레짐'의 경우, CFCs의 주요 생산자들이 생산라인을 대체물질용으로 전환하면 일부 국가가 이행과 준수를 늦추어도 오존층 파괴 문제는 어느 정도 해결이 가능하다.

대중의 압력을 효율적 준수 기제로 동원하기가 더 쉬워졌다. 기후 변화 협약이 실적의 공개를 요구함으로써 각국의 이행 및 준수를 촉진하려 한 것이다. 기후 변화 협약은 또한 '비부속서 I 국가'들에게는 온실가스 감축 의무를 부과하지는 않았으나, 보고 및 기타 의무-온실가스 감축 전략의 공개 등-는 부담하도록 했다. 그러면서 개도국들이 그런 의무를 이행하고 준수하는 데 필요한 비용을 선진권이 지원하도록 했다(4조 3항). 이런 규정은 개도권의 효율적 의무 이행이, 선진권의 기술 이전 및 재정 지원에 달려 있음을 암시하는 것이나 다름없다(4조 7항). 나아가 기후 변화 협약은 각국의 준수를 점검하고 평가하는 보조 실행 기구를 수립하는 성과도 거두었으나, 결국 온난화 레짐의 실효성 확보에 필수적인 준수의 강제 기제 수립은 차후의 과제로 넘겨졌다.

1997년의 '교토 의정서'는 의무 위반국에 대한 구체적 제재 조치와 절차를 규정하지 않고 위반의 대상, 범위, 조사, 확인 절차와 방식을 '4차 당사국 총회'에서 결정하도록 했다. 그리고 만일 이 절차와 방식이 구속력 있는 결과를 수반하는 경우에는 새로운 의정서를 채택하도록 하였다. 그러나 정작 4차 당사국 회의에서의 논의는 개도국들의 자발적 감축 의무 부담(voluntary commitments) 문제에 집중되었다. 온난화 레짐의 당사국들은 이후 '본 회의'와 '마라케시 회의'에서, 온실가스 감축 의무를 이행하지 않은 부속서 I 국가들을 상대로 한 조치에 법적 구속력을 부여하기로 원칙적인 합의를 보았다. 온난화 레짐은 이러한 합의만으로도 준수 의무의 강제 면에서 오존층 레짐보다 진일보한 것이라고 할 수 있다. 그러나 구체적인 강제

조치의 채택을 차기 당사국 회의로 미룸으로써, 준수 의무의 강제 기제를 실현하지 못한 한계가 여전히 존속한다. 온실가스 감축 의무 미준수국의 신축성 기제 참여에 관한 결정이 차기 당사국 회의로 미루어진 것에서도 강제 기제 미도입의 또 다른 후유증이 나타났다.

3. 국가이익의 충돌

지구 온난화가 지구 차원의 문제이기는 하지만 대응 정책의 결정 주체는 각국 정부이다. 정부는 온실가스의 감축 목표를 설정하고 이를 달성하기 위한 정책 도구를 최종적으로 선택한다(Rayner & Malone, 1998: xv). 그렇다면 국가는 보편적 세계이익과 자리적 국가이익 간의 갈등을 어떻게 해결할 것인가? 국가는 무정부적 생존경쟁에 사로잡힌 상태에서 자리적 행위를 일상적으로 거듭해야 하기 때문에 국제사회의 요구에 만족스럽게 부응할 수는 없다. 우리는 각국이 자리(self-interest)를 우선적으로 추구하느라 지구환경 보전이라는 국제사회의 이익을 뒷전으로 밀어내는 경우를 자주 보아왔다.

이 과정에서 '남·북' 갈등은 물론, '남·남' 갈등과 '북·북' 갈등이 또한 온난화 레짐 구축의 저해 요인으로 작용했음은 분명하다. 개도권은 이해관계에 따라 '소도서 국가연합'(AOSIS), 산유국(OPEC), 기타 개도국들로 3분되어 선진권에 대항하는 반대 연합을 결성하는 데 실패했다(Ramakrishna, 1996: 222). 선진권의 경우, CO2 배출을 2000년까지 1990년 수준으로 안정화시키자는 EC의 제안을 미국이 거부한 결과, 구속력 있는 감축 목표를 기후 변화 협약에 담는 데 실패했다.

온난화 레짐의 협상 과정을 오존층 레짐의 그것과 비교해 보면, 미국과 EU의 역할이 역전된 데다가 양자 간의 갈등마저 심화된 것이 레짐의 신속한 구축을 가로 막은 주요 요인이었음을 알 수 있다. 미국과 유럽의 지구 온난화에 대한 접근 방식의 차이와 이로 말미암은 갈등 관계의 지속은, 국가이익의 상충에 중요한 한 근원을 두고 있다고 해도 과언이 아니다. 미국의 정책 결정자들은 국내 변수들로부터 제기되는 압박을 의식해서, 국제 차원의 공동 해결책보다는 국내에서 저항을 적게 유발할 해결책을 더 선호하는 쪽으로 기울었다. 교토 의정서의 성립에도 불구하고 온실가스의 근본적 감축 대책을 시행할 수 없었던 한, 미국의 에너지 소비는 증가세를 멈출 수 없었다. 2000년의 에너지 소비가 1990년보다 13% 증가한 상황에서 교토 의정서에서 합의한 7% 감축 목표를 달성하려면, 미국에게는 '신축성 기제'와 '흡수원'의 감축분을 이용하는 것 이외의 대안이 거의 없는 형편이었다. 미국이 EU의 제동에도 불구하고 신축성 기제에 집착한 이면에는 이런 이유가 있었다.

중요한 것은 국가별 감축이 아니라 세계 전체의 감축이고 시장 기제에 의존한 감축이 국가의 직접 규제보다 감축 비용이 더 저렴하고 효율적이라는 이유를 들어, 미국은 '배출권 거래제'(ET)와 '흡수원'의 허용을 요구했다. 그러나 EU는 미국이 타국의 쿼터를 구입하여 감축 의무의 상당 부분을 상쇄하면, 온실가스의 실질적 감축이 이루어지지 않을 것을 우려하여 배출권 거래제에 반대했다. 미국은 또한 개도권에서의 CO_2 감축이 선진권에서의 그것보다 비용이 저렴하다는 것을 근거로 '청정 개발 체제'(CDM)의 도입을 요구했다. 그러나 개도권은 이 제도가 선진국들의 감축 의무를 회피하기 위한 도구이자 개도권의 경제개발 기회를 박탈하는 것이라고 반박했다.

'흡수원' 문제는 교토의정서의 핵심 쟁점으로서 개도권, EU, 그리고 미국을 비롯한 Umbrella Group 모두에게 영향을 미치는 중요한 문제였다. 미국은 흡수원의 광범위한 인정을 요구했으나, EU와 개도권은 이러한 요구가 온실가스의 실질적 감축을 불가능하게 할 뿐만 아니라 교토 의정서 개정의 길을 열어주는 것이라고 하여 반대했다. EU와 미국의 갈등, EU와 여타 국가들 간의 이견으로 말미암아 온난화 레짐의 구축은 만족할 만한 성과를 거두지 못했다. 결국 이러한 사정은 초강대국 - 패권국가 - 과 중진 강대국 간의 '북·북 갈등'이 '남·북' 갈등 못지않은 국제 규제 레짐 구축의 주요 저해 요인임을, 따라서 '북·북' 갈등의 해소와 '북·북' 협력이 온난화 레짐 완성의 필수적 요인임을 강력히 시사한다.

일반적으로 선진권이 환경보전에 점차 더 큰 관심을 두는 데 반하여, 개도권은 환경 문제에 초점을 맞추면 지속적 경제성장과 생활수준의 향상이 어려워진다고 주장한다. 선진권은 경제성장과 환경보전의 조화, 나아가 세대 간의 평등한 환경 이용에까지 관심을 돌리고 있다. 그러나 개도권은 지구 온난화의 파괴적 영향에 관한 지식 부족과 재정.인적 자원 결핍으로 인하여 정책 결정자나 대중이 이 문제의 해결에 낮은 우선순위를 부여하고 있을 뿐이다. 빈곤한 개도국들은 환경의 장래에 대해서 매우 제한적인 관심만을 표시하는 경향이 있어서, 미래의 지구 온난화를 우려하는 것은 부국에게나 허용되는 사치로 여기는 경향이 있다. 그런데도 만일 선진권이 개도권의 관심사와 우선순위에 공동 대응하지 않는다면, 개도권의 참여를 유도하기가 어렵게 되어 온난화 레짐의 수립은 교착 상태에서 벗어나기 어렵다. 온실가스의 증가가 주로 선진권의 공업화로부터 비롯된 것이지만, 개도권 국가들의 적극적 참여 없이는 온난화 레짐이 실효를 거둘 수 없었기 때문에, 개도권의 개발 요구는 협상 과정에서 중요한 쟁점이 되었다.

선진권은 최근의 추세 만에 주목하여 환경보전보다 경제성장을 중시하는 개도권에 해결 책임을 전가하기도 한다. 그러나 역사적 시각에서 보면 지구 온난화 문제의 근본 원인은 산업혁명 이래 계속되어 온 선진권의 공업화에서 찾아야 마땅하다. '북'의 지속적 공업화는 자연자원과 에너지-주로 화석연료-의 이용을 급속히 증가시켰고, 아직도 '북'과 '남'의 CO2 배출에는 큰 차이가 난다. '북'은 세계 CO2 배출량의 75%를 차지하고, 미국인은 유럽인보다 평균 2.5배, 그리고 아시아인 아프리카인 남미인보다 10배의 CO2를 배출하고 있다.[15] 그런데 문제는 지구 온난화가 지구 차원의 문제라고 해도, 그 원인과 영향 및 책임의 분배에 비례 관계가 성립하지 않는다는 것이다. 지구가 환경 면에서 상호의존 관계를 형성하고 있는 '운명공동체'라고 해도 지구 온난화의 영향이 평등하게 분배될 가능성은 거의 없다. 오히려 선진권이 그 원인을 주로 발생시켰음에도 그로 인한 심각한 영향은 재정과 기술 자원이 부족한 '남'에서 주로 발생한다. 국제 환경 레짐의 원칙으로 널리 준용되는 '오염자 부담 원칙'(PPP)를

15) 1988년의 경우 1인당 배출량이 미국은 5.3t, 영국은 2.7t, 폴란드 3.8t, 중국과 인도는 각각 0.6t과 0.2t이었다. Tolba et al.(1992), p.68.

적용할 경우 지구 온난화에 대응해야 하는 것은 '북'의 도덕적 의무이자 역사적 책임이다.

나아가 개도권으로부터의 자원 수탈이 선진권 공업화의 주요 수단이었고[16] '지구 공동재'로부터의 수익을 선진국들이 과점했던 한, 그들이 자신에게는 '공업화'와 '부유화'를 그러나 개도국에게는 '환경 파괴'와 '빈곤화'를 초래한 장본인라고 해도 지나치지 않다. 지구 온난화 문제의 해결 책임이 대부분 선진국들에게 있는 한, 개도권이 대가 없이 경제성장의 희생시킬 가능성은 거의 없다(Vogler, 2000: 14). 선진국에게도 상당한 책임이 있는 개도권의 빈곤이야말로 환경문제와 남.북 대립의 주요 원인 중 하나라는 점에서도, 선진권은 개도권에 재정 원조와 기술 이전을 해야 할 책임이 있다. 선진권은 지구 온난화의 영향에 가장 취약한 개도국들의 '적응' 노력(adaptation)에도 원조를 제공해야 마땅하다. 오존층 레짐에서와 마찬가지로 온난화 레짐에서도 선진권의 개도권에 대한 지원은 피할 수 없는 책무이다. 그러나 재정.기술 원조를 제공한다는 데는 합의했지만, 그 성격과 규모를 둘러싼 합의가 지체된 것이 온난화 레짐의 발전을 가로막았다.

---

16) 태평양의 도서국가 '나우루'(Nauru)는 '선진국'에 의하여 자연자원을 착취당한 대표적 사례로 인용된다. 1968년 이전까지 나우루를 신탁 통치했던 선진국들이 인산염을 대규모로 채굴한 결과, 나우루 국토의 1/3이 거주 불가능한 지역으로 변했던 것이다. Sands(1993), p.18. '선진권'과 '개도권'은 서로 다른 시각에서 비용.효과의 비대칭성을 문제삼는다. 선진권은 '지구환경 문제의 해결 비용은 소수-선진국-가 부담하지만 그 혜택은 다수-개도국-에게도 돌아간다'고 지적하는 반면, 개도권은 '환경 문제의 원인을 소수가 발생시켰음에도 그 부정적 영향이 다수에게도 파급된다'고 강조하는 것이다. 이런 시각의 차이를 해소하지 못하는 한, 재정.기술 지원 문제의 근본적인 해결은 매우 어려워 보인다.

나아가 기후 변화 협약을 채택한 이후 중국과 인도 등 일부 개도국들이 고도 경제성장을 지속하면서 이들의 온실가스 배출량도 급증해 왔다. 양국을 비롯한 개도국의 온실가스 배출량이 전체 배출량의 절반 가량을 차지하는 변화에 직면하여, 국제사회는 개도국의 참여 없이는 기후 변화에 대한 효율적 대응을 할 수 없는 또 하나의 난관과 마주하게 되었다.

4. 비국가 행위주체의 역할

온난화 레짐의 구축 과정에서 국가들은 '국가이익'에 대한 '공동선'의 우월성을 보편적으로 인정하는가? 지구 온난화 문제가 모든 국가들의 의제에서 높은 우선순위를 차지하고 있는가? 이해 당사국 모두가 온난화 레짐에 참여하려 하는가? 모든 국가가 온난화 레짐의 구축 과정에서 국가이익에 대한 공동선의 우월성 관념을 공유하는 것은 아니다. 국가들이 지구 환경 보전과 함께 자국 중심적 시각에서 지구 온난화 문제에 접근하는 한, 국제사회의 현실은 국가가 '공동선'과 '국가이익' 모두를 추구하는 것으로 나타난다.

우리는 이로부터 양자를 모두 수용해야 온난화 레짐의 제도적 구축이 성공할 수 있지만, 국가가 제한적으로만 공동선을 추구하기 때문에 공동선의 증진은 상당 부분 비국가 행위주체들(non-state actors)의 역할에 의존해야 한다는 것을 확인할 수 있다(Young & Oshrenko, 1996: 240). 따라서 온난화 레짐이 실효성을 거두기 위해서는 지구 차원에서 공·사 행위주체 모두의 충성을 확보해야 한다. 그러려면 '기후 변화 협약'과 '교토 의정서'의 체결은 물론 그 이행 및 준수 규정을 정립하는 데, 대부분의 이해 당사국들이 의미 있는 방식으로 참여할 수 있어야 한다.[17] 그래야만 지구 온난화로부터 영향받을 당사국들의 의사를 반영할 수 있게 되어, 구축 중인 레짐에 대한 그들의 지지도 유도할 수 있다.

지구 환경 문제가 '핵심 정치' 의제로 점차 부상하고, 국민국가가 국제 환경 정치에서도 중요한 역할을 담당하고 있다는 데는 이론의 여지가 없다. 국제 환경 레짐의 기초가 되는 국제 환경 조약의 체결권을 독점하고 있는 데다가, 그 결정을 이행하고 준수하여 실효성을 뒷받침하는 행위주체가 국가라는 점에서 당연히 그렇다. 그런데 세계질서의 변화와 더불어 국가의 역할과 속성이 급격히 동요되고 있다는 사실에 주목하지 않을 수 없다. 국가의 환경 문제 대응 능력이 한계를 드러내면서 비국가 행위주체들의 역할과 국제협력의 필요성이 부각되고 있는 것이다. 국제관계에서 압도적 우월성을 향유해 온 국가에게 이러한 변화는 극복하기 어려운 시련이어서, 국가도 국가간 협력은 물론 비국가 행위주체들과의 협력에 동의하지 않을 수 없게 되었다.

국가의 영향력과 권력은 비국가 행위주체들과 그들 사이의 '연계 체제'(networks)에 분산되고 있다. 국가는 배타적으로 행동하던 과거와는 달리, 그 연계 체제 속에서 비국가 행위주체들과 직·간접적 상호 작용을 해야 생존을 확보할 수 있다. 통합적 국가이익 관념은 이런 이유 때문에도 점점 더 유지되기 어렵다. 비국가 행위주체들의

17) 온난화 레짐의 경우, '교토 의정서'의 발효를 위해서 모든 개도국의 참여가 필수적으로 요구된 것은 아니다. 우선 미국 등 온실가스 배출 규모나 영향력의 비중이 큰 선진국의 참여가 필수적으로 요구된 것이다.

역할과 중요성의 증가는 온난화 레짐의 구축 과정에서도 두드러지게 나타난다. 세계질서의 변화, 특히 국제 환경 정치의 등장은 과거에 주변화 되었거나 무시되었던 문제들에 중요성을 부여하는 변화를 가져왔다. 기후 변화 협약과 교토 의정서는 지구 온난화에 대한 세계적 관심의 중요한 표현이기도 하지만, 국가 간은 물론 국가와 비국가 행위주체들 간의 협력 없이는 온난화 레짐의 구축이 사실상 불가능한 일임을 말해주는 것이다.[18)]

온난화 레짐의 구축 과정은 다양한 행위주체들이 다양한 역할을 수행하는 복합적 과정이므로 국가 중심적 시각에만 의존해서는 그 전모를 파악하기가 어렵다. 성공한 국제 환경 레짐들에게서 공통적으로 드러나는 것은 그리고 그 규범과 규칙의 중요한 변화를 실현하는 것은, 환경 영역에서 활발히 활동하는 NGOs이다. 온난화 레짐도 예외는 아닌 것이, 이들은 지구 온난화 문제의 심각성을 부각시켜 국가 차원에서 공공 정책의 변화를 초래하는 데 기여했던 것이다. 이들은 국제 차원에서도 범국가적 연계 체제를 구축하여 이 문제를 정치의제화함으로써, 각국 정부에게 온난화 레짐 구축에 적극 참여하도록 압력을 가하고 세계와 국가의 대응을 연계하는 데 기여했다(Princen & Finger, 1994). 이들의 활동을 무시하고서는 '기후 변화 협약'과 '교토 의정서'의 성립을 말할 수 없고, 이들의 '감시'와 '촉구'가 없었다면 두 국제 환경 조약의 '이행'과 '준수'를 말할 수도 없다는 점에서, NGOs의 활동은 온난화 레짐 진화의 중요 변수였다고

---

18) 예컨대 온실가스를 대량으로 배출하는 기업이 협력하지 않으면, 부속서 I 국가는 온실가스의 감축 목표를 규정한 교토 의정서를 이행할 수도 준수할 수도 없다. Bestill & Pielke(1998), p.149.

해야 마땅하다.

5. 신축성 기제와 시장 제도의 도입

신축성 기제는 온난화 레짐의 '원칙', 즉 국가들은 '개방적 국제 경제 체제'의 증진을 통해 '지속 가능한 개발'과 '경제성장'이 가능하도록 협력해야 한다는 원칙을 구현한 것이라고 볼 수도 있다(Vogler, 2000: 139). 그러나 이보다 더 주목해야 할 것은 선진국이 비용은 감소시키되 효율은 더 높이는 방식으로 감축 목표를 이행할 수 있게 되었다는 것이다. 신축성 기제는 선진국들에게 비용 면에서 효과적인 감축을 가능하게 함으로써 온난화 레짐의 구축을 지원하는 효과를 거둘 수 있는 것이다. 국제사회는 또한 이 기제가 온실가스 감축의 회피 수단이 되지 않도록, 국내 감축 활동에 보완이 되는 한도 내에서 시행할 수 있다는 안전 장치, 즉 '보완성의 원칙'도 설치해 놓았다. 그러나 신축성 기제는 선진국들로 하여금 자국의 온실가스를 감축하지 않고도 감축 효과를 인정받을 수 있는 여지를 제공하여, 선진국 특히 미국의 이익을 대변했다는 한계를 노출하기도 한다.

배출권 거래제(ET, 교토의정서 16조 bis)는[19] 온실가스 감축에 소요될 세계 전체의 비용 감소 효과를 노린 것이다. 그러나 지구 공동재인 대기의 이용권을 사유재산화한 것인 데다가 배출권의 공정한 분배가 미래의 숙제로 남게 되어 개도권은 의구심을 거두지 않고 있다. 지구 온난화에 상대적으로 책임이 적은 개도국들에게 오히려 배출권의 거래를 인정하지 않은 것은 개도국들의 의구심이 단순한 우

---

19) 4장 3절, 교토 의정서 참조

려가 아님을 입증한다. 배출권 거래제는 또한 '자연 감축량'(hot air)의 거래 문제도 유발한다.

'청정 개발 체제'(CDM, 교토의정서 12조)는[20] 선진국과 개도국에 모두 이익을 안겨줄 수 있다. 즉, 개도권에 대한 환경 친화적 투자로 온실가스 배출이 감소하면 그 반대급부로 배출 목표를 감소시킬 수 있다는 점에서, 이 제도는 선진국의 개도국에 대한 기후 친화적 투자를 유도할 수 있는 것이다(Anan, 2000: 28). 그리하여 선진국에게는 보다 저렴한 감축 기회를 제공하고 개도국에게는 선진국으로부터의 추가 재정 지원과 선진 기술이 유입되어, 지속 가능한 개발이 보다 더 용이해질 수 있다. 선진국에게는 기술과 투자의 출구가 확대되고 개도국에게는 기후 안정화 노력에의 동참이 가능해지기 때문에 이 체제는 온난화 레짐의 구축을 촉진할 수 있다(Goldemberg, 1998).

청정 개발 체제가 내포한 이러한 이점 때문에 여타 신축성 기제와는 달리 2008년 이전이라도 이 체제에 의한 감축 활동의 결과가 인정된다. 그러나 선진국의 관심은 감축 공간이 아닌 저렴한 감축 활동에 집중될 것이므로 감축 활동의 지리적 불평등성이 나타날 가능성이 높고, 저렴한 감축 기회를 현 세대가 소진하여 개도국의 미래 세대에게는 값비싼 감축 활동만 남겨 놓는, 세대 간 불평등도 초래할 수 있다는 데 그 한계가 있다.(윤순진, 2001: 8-9)

'공동 이행 제도'(JI, 교토의정서 6조와 3조)는[21] 선진국 간 협력으

20) 4장 3절, 교토 의정서 참조
21) 4장 3절, 교토 의정서 참조

로 온실가스 감축 목표를 충족시키려는 것이어서 온난화 레짐의 진화에 기여할 수 있다. 이 제도 역시 미국이 제안한 것으로서 삼림이 목재 생산지로서의 지위를 넘어서서 기후 체계를 안정화시킬 수 있도록 CO2를 흡수하고 저장하는 배후지로서의 기능을 부여받는다.

생태계를 다양한 생물종이 상호 의존하고 있는 자연 체계로 이해하고, 그 안에서 삼림의 위치와 기능을 가늠하는 전통적 시각과는 거리가 있는 것이다. 공동 이행 제도도 이처럼 시장 기제와 경제적 효율성을 고려하여 지구 온난화의 일차적 책임자인 미국, 일본, EU 등 선진국이 자국 내에서 취해야 할 조치들을 유보하게 한다. 그리하여 지구의 부양 능력을 위협하는 선진국의 탄소 집약적 생활양식을 유지할 수 있도록 하는 것이다. 동시에 투자 상대국의 저렴한 감축 기회를 투자국의 감축 목표 달성에 이용하기 때문에, 투자 상대국에 감축 책임을 전가하는 경향이 있다는 데서 우리는 공동 이행 제도의 문제를 간파할 수 있다.(윤순진, 2001: 6-7)

신축성 기제는 시장 기능에 의존하여 지구 온난화 문제의 해결을 모색한다는 점에서 온난화 레짐에 침투한 시장 중심적 신자유주의의 영향을 환기시킨다. 그것이 시장 의존적인 다양한 조치의 도입을 통하여 선진국의 감축 노력에 상당한 유연성을 부여하는 한편, 다른 한편으로 선진국과 개도국 그리고 선진국과 선진국의 협력을 유도하여 문제를 해결하려 한 점은 온난화 레짐의 진화에 기여한 것이라고 해석할 수도 있다. 그러나 신축성 기제가 온실가스의 감축에 여러 가지 역효과를 초래할 수 있다는 지적에도 유의해야 한다.

Ⅵ. 맺는말

'기후 변화 협약'이 '원칙'과 '규범'-예방 원칙, 책임의 공유와 차별화-을, 그리고 '의사 결정 절차'-당사국 총회-를 마련한 것에서, 우리는 온난화 레짐의 기초가 구축되었음을 확인할 수 있다. 그러나 국제 환경 레짐 구축 및 운영의 필수적 전제로 요구되는 '구속성 규칙'의 확립에 도달하지 못한 결과, 온난화 레짐은 초기 단계에 머무르고 만다. 지구 온난화 문제를 해결하려면 이른바 '배출원'(sources)의 감축과 '흡수원'(sinks)의 확대가 동시에 추구되어야 함은 더 말할 나위가 없다.

온실가스 감축에 관한 구속성 규칙은 '교토 의정서'에서 비로소 확보되었으나, 이마저도 미국과 러시아 등 일부 국가의 비준 거부라는 장애를 뛰어넘지 못하여, 교토 체제의 출범이 상당 기간 동안 지체되었다. 포스트 교토 체제에 관한 합의는 2011년의 17차 당사국 총회에 이르러서야 간신히 도출되었다. 더구나 흡수원에 관한 규칙은 아직도 확립되지 않은 상태에서 온실가스의 배출 감축에 노력을 집중하는 한, 온난화 레짐은 실효성의 훼손과 단편성의 심화를 피할 수 없다. 온난화 레짐은, 기후 변화 협약과 교토 의정서가 일구어 낸 일부 성과에도 불구하고, 아직 길고도 험한 여정의 출발점에서 배회하고 있다.

지구 온난화 문제의 복합성과 과학기술의 불확실성, 강제와 지원 장치의 결여로 인한 이행과 준수의 실효성 미확보, 국가이익의 상충, 비국가 행위자의 제한적 역할, 시장 의존적 신축성 기제의 한계 등이 상호 작용 하면서 온난화 레짐의 진전을 가로막았음에는 의문의 여지가 없다. 그렇다면 온난화 레짐의 구축 과정은, 과거에 그랬던 것처럼 미래에도 상당한 시간이 소요될 장기적이고 동태적인 과정이라고 해도 과언이 아니다. 일부 예외가 있기는 하지만 대부분의 경우 국제 환경 레짐을 구축하는 데는 십 년 이상의 세월이 걸리곤 했다. 다수의 전문가들이 국제 환경 레짐에의 모델로 평가하는 '오존층 레짐'도, 여러 단계를 밟아 10여 년 이상의 세월이 소요된 후에 구축된 바 있다. 온난화 레짐의 구축이 장기화되고 있다고 해도, 그 장래가 반드시 비관적인 것이라고 단정 짓기 어려운 근거가 여기에 있기는 하다.

문제는, 국제 환경 레짐 구축을 통한 지구 온난화 문제 해결이 불가능한 것은 아니지만 매우 어렵다는 것이다. 지구 온난화 문제는 그 규모와 복합성에 비추어 보면 현재 구축 중인 국제 환경 레짐의 통제 범위를 넘어서는 것인지도 모른다. 게다가 온난화 레짐이 상대적으로 온실가스 배출원을 통한 감축 노력에 활동을 집중하느라, 흡수원의 보강 문제에 뒤늦게 주목한 점에서 더욱 그럴 수 있다. 중앙 집권적 권위가 부재하는 상태에서 각국의 온실가스 배출 활동을 조정하는 국제 환경 레짐의 구축이 불충분하거나 부적절한 것일 수도 있는 것이다.

그러나 우리는 이러한 평가가, 온난화 규제 레짐의 성과를 부인하는 것이 아니라 성과를 확대하도록 요구하는 것으로 이해해야 한다. 그 모든 부분이 사실상 모든 문제에 연계될 정도로 지구 온난화의 복합성이 큰 것이라면(Skolnikoff, 1993: 193), 그래서 문제의 규모가 매우 방대한 것이라면, 온실가스 배출원의 공동 감축과 흡수원의 공동 확대를 지향하는 온난화 레짐의 강화에서 해결책을 찾아야 한다.

참고문헌

권원태(2006), "한반도 기후 변화와 전망,"『불편한 진실과 함께 하는 기후 변화 세미나 발표문』, 푸른 울산 21 (2006. 11. 29)

사두르니(2006),『기후가 미친걸까?』(민음IN)

박원화(1998), "기후변화협약 교토 총회 결과와 우리의 성찰,"『외교』, 45호

신연성(2011), "칸쿤 기후변화협약 당사국 총회 결과 및 향후 협상 전망,"『외교』, 96호

외교통상부 국제경제국(2000. 12. 30 ; 2001. 10. 17),『지구환경정보』

유엔환경계획 한국위원회(2002),『기후변화협약』(유넵프레스)

윤순진(2001), "기후 변화 협상 어디로 가고 있나 ?" 2001년도 한국사회학회 전기 사회학대회 발표 논문, 6. 22-23

정준금 외(1999),『환경과 사회』(대영문화사)

지구환경대책기획단(1992),『21세기 지구환경 실천 강령』(경제기획원)

폰팅(1995),『녹색세계사, I-II』(심지)

조선일보(2001. 7. 20)

중앙일보(1999. 4. 15, 4. 21 ; 2001. 11. 26 ; 2005. 2. 16, 4. 8 ; 2011. 12. 12 ; 2011. 12. 14)

한겨레신문(2006. 12. 15)

한국일보(2001. 2. 20)

환경부(2005),『환경백서』(대양인쇄소)

Anan, Kofi A.(2000), "We the Peoples : The Role of the United Nations in the 21st Century," *Environment,* Vol.42, No.8, October

Bestill, Michele M. & Roger M. Pielke, Jr.(1998), “Blurring the Boundaries : Domestic and International Ozone Politics and Lessons for Climate Change,” *International Environmental Affairs,* Vol.10

Boehmer-Christiansen, S.(1993), “Science Policy, the IPCC and the Climate Convention,” *Energy and Environment,* Vol.4, No.4

Donnelly, J.(1986), "International Human Rights : A Regime Analysis," *International Organization,* Vol.40, No.3

Goldemberg, Jose(1998), "Overview," in Goldemberg (ed.), *Issues and Options : The Clean Development Mechanism,* New York, N.Y. : United Nations Publications

Grubb, Michael & D. Anderson (eds., 1995), *The Emerging International Regime for Climate Change : Structures and Options After Berlin* (London : Royal Institute of International Affairs)

Grubb & Brack(1999), *Kyoto Protocol : A Guide and Assessment* (London : Royal Institute of International Affairs)

Houghton et al.(eds., 1996), *Climate Change 1995* (Cambridge : Cambridge University Press)

IPCC(2007), *Climate Change 2007 : Synthesis Report. Summary for Policymakers*

Jacoby, Henry & David M. Reiner(2001), “Getting Climate Policy on the Track After the Hague,” *International Affairs,* Vol.77, No.2

Krasner, Stephen D.(1983), “Structural Causes and Regime Consequences : Regime as Intervening Variables,” in Krasner (ed.), *International Regimes* (Ithaca : Cornell University Press)

Lowi & Shaw(eds., 2000), *Environment and Security : Discourses and Practices,*(New York : St. Martin's)

Marburger, John H.(2005), “The U.S. Climate Change Vision,” *Global Issues* (June)

Mathews, Jessica T.(1989), "Redefining Security," *Foreign Affairs*, Vol.68, No.2, Spring

Moss, Richard H.(2005), “Understanding Climate and Global Change,” *Global Issues*

(June)

Princen & Finger(1994), *Environmental NGOs in World Politics : Linking the Local and the Global* (London : Routledge)

Ramakrishna, Kilaparti(1996), "Building an Effective Climate Regime," in Young et al.(eds.), *Global Environmental Change and International Governance* (Hanover : University Press of New England)

Rayner & Malone(1998), *Human Choice and Climate Change,* Vol.II, (Columbus, OH : Battell Press)

Sands, Philippe(1993), "Enforcing Environmental Security," *Journal of International Affairs,* Vol.46, No.2, Winter

Skolnikoff, Eugene B.(1993), *The Elusive Transformation : Science, Technology and the Evolution of International Politics* (Princeton, N.J. : Princeton University Press)

Tolba et al.(eds.,1992), *The World Environment 1972-1992 : Two Decades of Challenge* (London : UNEP/Chapman & Hall)

UNEP(1999), *Global Environmental Outlook-2000* (London : Earthscan)

Vogler, John(2000), *The Global Commons : Environmental and Technological Commons* (New York : John Wiley & Sons).

WCED(1987), *Our Common Future* (Oxford : Oxford University Press)

Wilenius, Markku(1996), "From Science to Politics : The Menace of Environmental Change," *Acta Socioloigica,* Vol.39

Young, Oran R.(1996), "Introduction : The Effectiveness of International Governance System," in Young et al.(eds.), *Global Environmental Change and International Governance* (Hanover : University Press of New England)

Young, Oran R. & Gail Oshrenko(1993), "International Regime Formation : Findings, Research Priorities, and Applications," in Young & Oshrenko (eds.), *Polar Politics : Creating International Environmental Regimes* (Ithaca : Cornell University Press)

IPCC, *Climate Change(2007): Synthesis Report. Summary for Policymakers* (검색일

: 2011. 9. 18)

UNFCCC(2009): Copenhagen Accord. FCCC/CP/2009/11/Add.1 http://www.unfccc.int (검색일 : 2011. 9. 23)

http://www.me.go.kr/web/286/me/common/board/detail.do?idx=179946&decorator=me&boardId=notice_02(검색일 : 2011. 12. 13)

민주주의의 정착을 위한 구조적 조건들:
8개 국가에 대한 경험적 비교연구*

김 형 철

(성공회대학교 민주주의연구소 연구교수)

Ⅰ. 서론

이 연구는 민주주의 정착 단계에 있는 국가들의 정치적 민주주의 수준에 영향을 주는 결정요인을 탐색하는데 목적이 있다. 그리고 이 글에서 주장하고자 하는 바는 민주주의의 정착단계에 있는 국가들의 경우, 정치적 민주주의의 수준은 민주화 이행경로의 유형에 따라 경제적 요인과 정치제도 요인의 영향력이 차이를 보이고 있으며, 사회경제적 요인보다 정치제도 요인이 민주주의에 강한 영향을 미치고 있다는 점이다.

1970년대 중반에 시작된 '제3의 민주화의 물결'은 비교정치연구에 있어서 민주주의에 대한 관심을 새롭게 유발시키는 가운데, 특히 경험적 연구가 주요한 영역으로 부상하도록 만들었다. 또한 1990년대부터 지금까지 민주주의 체제로 진입한 국가들이 어떻게 하면 '민주주의 공

* 이 글은 2005년에 『비교민주주의연구』 제1집 1호에 게재되었던 연구논문 "민주주의의 정착을 위한 구조적 결정요인의 탐색"을 수정 보완하였다.

고화'(democratic consolidation), '심화된 민주주의'(deepening democracy) 그리고 '높은 질의 민주주의'를 이룰 수 있을 것인가라는 문제의식과 함께 그 조건들을 제시하는 연구들이 다양하게 제시되고 있다.[1] '제3의 민주화 물결'을 경험한 국가들 중 스페인을 제외한 다수의 신생 민주주의 국가들은 아직 민주주의의 가치와 규범 그리고 민주적 규칙을 제도화 또는 일상화하는 민주주의 공고화 단계로 진입하지 못하고 있다. 그렇지만 과거의 경험처럼 비민주주의로의 역류가 진행될 것이라는 일부 학자들의 우려와는 달리,[2] 이 국가들은 민주주의 공고화의 조건이 충족되지 못하였음에도 불구하고 비민주주의 체제로 회귀하지 않고, 최소한의 민주적 규칙 또는 절차를 갖는 민주주의를 유지하고 있다. 그리고 이 국가들은 적어도 최소정의적 관점에서 정의되는 형식적 또는 정치적 민주주의를 수행하고 있다.

이 연구에서는 이러한 국가들의 체제를 민주화 단계를 거쳐 민주주의 이행의 완성 또는 민주주의 공고화 단계로의 진입을 준비하는

1) 일부의 민주주의 연구자들은 '민주주의 공고화'와 '민주주의의 심화'란 명확한 개념적 구분이 어렵기 때문에 다른 차원의 연구주제가 아니라 하나의 연구주제라고 지적한다(Diamond 1996; 오창헌 2002, 108). 즉, 민주주의 공고화를 최대정의적 관점에서 정의하면, 민주주의 공고화와 심화는 실질적 민주주의 또는 보다 질 높은 민주주의라는 목적을 지향하는 과정이라는 동일한 의미를 지니게 된다(Shin 1994). 반면에 최소정의적 관점에서는 민주주의 공고화와 민주주의 심화를 구분하여 정의하고 있다. 즉, 민주주의 공고화란 이행기에서 구축된 민주적 절차와 규범이 주어진 정치적, 사회적 그리고 경제적 조건하에서 '유일한 게임'으로 받아들여지는 상태(Przeworski 1991, 26; Linz and Stepan 1996, 5)로서 정의된다면 의사결정의 참여와 민주적 통제를 주요내용으로 하는 실질적 민주주의의 확대를 의미하는 '민주주의의 심화'와 구별된다고 지적한다(조효래 1995, 553).

2) 대표적으로 헌팅턴(S. Huntington)은 수단과 나이지리아의 권위주의적 통치로의 회귀를 지적하면서 민주주의를 공고화하는 어려움 때문에 민주주의를 유지하는데 유리하지 않은 조건을 가진 나라들에서 권위주의로의 역류가 더 많이 일어날지 모른다고 지적한다(Huntington 1993).

과정에 있는 체제로 규정하고, 그러한 과정을 민주주의 정착 단계 또는 국면이라고 지칭하고자 한다. 즉, 이 단계는 비민주적 정권의 퇴장과 민주적 헌법제정이라는 민주화 단계와 민주적 절차와 규범이 일상화, 내면화, 습관화 그리고 정당화 되는 민주주의 공고화 단계를 시·공간적으로 연결하는 매개적 단계이다. 민주주의 정착 단계는 민주주의의 기본원리를 반영하는 민주적 규칙과 절차의 지속성이라는 기본속성을 특징으로 한다.[3] 그러나 이러한 국가들의 정치적 민주주의 수준은 각 국가가 처해 있는 조건에 따라 차이를 보이고 있다. 예를 들어 지역적으로 남부유럽과 동유럽 국가들은 프리덤하우스(Freedom House)나 콜로라도대학(University of Colorado)에서 매년 발표되는 민주주의 지수가 매우 높은 반면, 라틴 아메리카 국가들은 민주주의의 수준이 낮은 것으로 나타나고 있다.[4]

그렇다면 민주주의 정착 단계에 있는 국가들이 민주화 단계를 거친 후 민주적 규칙과 절차가 붕괴되지 않고 지속될 수 있었던 원인은 무엇인가? 이 국가들에 있어 정치적 민주주의의 수준을 결정하는 요인은 무엇인가? 그리고 탐색된 요인들의 영향력은 민주화 이행경로, 즉 타협에 의한 민주화와 비타협에 의한 민주화 이행경로들 사이에 차이가 존재하는가? 이 연구는 이러한 연구문제에 답하기 위해, '제3의 민주화 물결'을 경험한 국가들 중 민주주의 정착 단계에 있는 국가를 대상으로 정치적 민주주의 수준이라는 종속변인에 영향을 주는 민주화 이행구조, 사회경제적 구조, 그리고 정치제도 구조라는 구

3) 이에 대한 구체적인 정의와 특성은 다음 장에서 자세히 다루고자 한다.
4) 각 국가들의 민주주의 지수 또는 민주주의 수준을 측정하는 방법에 대해서는 비교민주주의 연구센터 편(2005) 참조.

조적 요인에 초점을 맞춰 변인정향적(variable-oriented) 비교분석을 수행하고자 한다. 분석기법으로는 종속변인과 독립변인들의 관계 심도와 방향성, 그리고 분석모형의 설명력을 관찰할 수 있는 다중회귀분석(multiple regression)을 이용하기로 한다.

연구의 시간적 범주는 1990년부터 2000년까지이다. 이렇게 시간적 범주를 채택한 이유는 남부 유럽 국가들을 제외한 나머지 국가들의 경우 이 기간 동안 민주화 단계를 거쳐 민주주의 정착 단계로 진입했기 때문이다. 즉, 1990년~2000년에 걸쳐 민주화 이행이 이루어진 많은 국가들이 민주적 규칙에 의해 두 번 이상의 선거를 평화롭게 진행하였으며 또한 선거를 통한 정권교체를 달성하였지만, 민주주의 공고화에는 이르지 못하였다. 분석사례로서는 같은 기간 동안 비록 민주주의 공고화를 이루지는 못하였으나 정치적 민주주의를 유지하여 온 대표적 8개의 국가를 선정하였다. 선정된 8개국은 남부유럽의 그리스, 포르투갈, 동유럽의 폴란드, 헝가리, 라틴아메리카의 아르헨티나, 브라질, 칠레 그리고 아시아의 한국이다. 이 국가들을 민주화 이행경로와 정부형태의 유형을 기준으로 분류하면 아래 <표-1>과 같다.[5)]

5) 일반적으로 민주화 이행경로의 분류는 위로부터의 민주화, 아래로부터의 민주화 그리고 타협에 의한 민주화로 구분된다(Huntington 1991-92). 이 연구에서는 민주화 이행경로를 타협에 의한 민주화와 비타협에 의한 민주화로 구분하여 측정하고자 한다. 그리고 정부형태는 대통령제와 내각제 및 (준)대통령제로 양분하였다.

〈표-1〉 분석대상국가의 민주화 경로와 정부형태(1990-2000)

	타협에 의한 민주화	비타협에 의한 민주화
대통령제	브라질(1985), 한국(1987)	아르헨티나(1982), 칠레(1989)
내각제 및 (준)대통령제	폴란드(1989), 헝가리(1990)	그리스(1974), 포르투갈(1974-75)

* 괄호는 민주화의 초기시점을 의미

연구의 구성방식은 먼저 제II절에서는 민주주의 정착 단계에 대한 개념정의와 특성을 제시하고, 그 조건이 무엇인지를 이론적 측면에서 살펴보고자 한다. 제III절에서는 연구모형, 종속변인과 독립변인의 측정방식 및 지표를 제시하고자 한다. 제IV절에서는 모형을 경험적으로 검증하여 그 결과들을 논의하고, 마지막 결론에서는 분석결과를 간략히 요약한 후 그 의미와 중요성을 논의해 보기로 한다.

이 연구의 의미는 첫째, 민주주의 정착단계에서 요구되는 최소한의 조건을 추적함으로써 민주화 이후 민주주의의 정착과 더불어 공고화의 단계로 나아갈 수 있는 방안을 이론적·현실적 차원에서 제시하여 준다는 점에서 찾을 수 있다. 둘째, 최근 북아프리카와 중동지역에서 불고 있는 '민주화의 바람'이 민주주의 정착으로 이어질 수 있는지를 예측하고 민주주의의 정착을 위한 개혁과제가 무엇인지를 제시하여 준다는 것이다.

Ⅱ. 민주주의 정착과 조건들

1. 민주주의 정착의 개념과 특징

민주주의 정착의 개념과 특징을 언급하기에 앞서, 먼저 이 연구에서 사용되는 민주주의 개념을 제시하기로 한다. 오늘날 민주주의 개념은 민주주의의 역사와 '개념 잡아 늘이기'(conceptual stretching)에 의해 다양하게 정의됨으로써 개념적 혼란과 모호성을 보이고 있다.[6] 즉, 민주주의의 개념은 시·공간적 조건과 정의하는 학자들의 가치정향에 따라 개념의 확장이 이루어짐으로써 매우 산만하게 제시되고 있다(김형철 2005b). 이 글에서는 민주주의를 최소정의적 관점에 기초한 정치적 민주주의로 정의하고자 한다.[7] 즉, 정치적 민주주의란 개인이나 집단들 사이에 의미 있고 확장적인 경쟁이 존재하며, 대표자의 선택이나 정책결정에 있어 특정한 개인이나 집단의 배제가 존재하지 않는 정치참여 수준의 높은 포괄성을 나타내고, 정치

---

6) 사르토리(Sartori 1987)는 민주주의 개념의 혼란을 가중시키는 원인으로 포괄성에 의한 산만함과 용어적 이념적 왜곡의 확대라고 지적하고 있으며, 다알은 다의성과 개념적 혼란의 원인을 오랜 민주주의의 역사 속에서 "민주주의가 상이한 시간과 상이한 장소에서 상이한 사람들에게 상이한 의미를 지녀왔기 때문"이라고 지적한다 (Dahl 1998, 17).

7) 정치적 민주주의는 강조하는 핵심원칙에 의해 다양하게 정의되고 있다. 우선 정치적 민주주의를 체계화한 볼렌(K. A. Bollen 1990)은 정치적 민주주의를 엘리트들의 정치권력이 최소화되고 비엘리트의 정치권력이 최대화되는 것이라고 정의하고 있다. 그리고 정치적 민주주의가 충족해야 할 요소로서 인민주권(popular sovereignty)과 정치적 자유(political liberty)를 지적한다. 하데니우스(Hadenius 1992)와 비담(Beetham 1994)은 정치적 민주주의를 대중적 통제(popular control)와 정치적 평등(political equality)을 갖는 인민에 의한 통치로 정의하고 있으며, 핵심적 속성으로 대중주권의 원칙, 자유의 원칙 그리고 평등의 원칙을 제시한다. 정치적 민주주의의 다양한 정의에 대해서는 D. Beetham(1994) 참조.

적 경쟁과 참여를 보장하는 시민적・정치적 자유가 확대된 정치체제이며, 그 특성으로는 정치적으로 평등한 시민들의 선호에 대한 정부의 높은 반응성을 지적할 수 있다(Dahl 1971, 2-3; Diamond, Linz, and Lipset 1995, 6-7; Mainwaring and Shugart 1997; Sørensen 1993). 요컨대 정치적 민주주의의 기본적 속성은 경쟁성과 참여성 그리고 시민적・정치적 자유라는 법적으로 보장된 기본적 권리와 더불어 대표자의 시민에 대한 책임성이며, 이러한 속성들이 외부적 또는 내부적 위협에 의해 침해되지 않고 지속될 때를 정치적 민주주의가 정착되었다고 말할 수 있을 것이다.

일반적으로 민주화 이행과정은 민주화 단계와 민주주의 공고화 단계라는 두 단계를 포괄하는 개념으로 인식되고 있으며, 민주화 이행을 구조주의적 시각에서 접근하는 학자들은 두 단계의 연속적 과정을 강조한다. 반면 행위자 중심적 시각에서 접근하는 학자들은 두 단계가 행위자와 전략 그리고 구조적 조건에서의 차이를 강조하면서 비연속적 과정으로 인식하고 있다(임혁백 2001). 즉, 민주화 단계를 유인 또는 촉진했던 많은 조건들이 민주주의 공고화 단계에서는 장애요인으로 작용하고 있음을 강조한다.[8)]

그러나 이 글에서는 민주화 이행과정을 민주화 단계, 민주주의 정착 단계 그리고 민주주의 공고화 단계라는 3가지 단계로 구성된 연

---

8) 한국의 경우, 권위주의에서 민주주의로의 전환을 가져온 중요한 조건 중에 하나로 중산층, 즉 '넥타이 부대'라는 화이트 칼러의 자발적이고 대중적인 동력을 들 수 있다. 그러나 이들은 민주주의로의 전환 이후 과거 권위주의 정권의 경제발전 우선 정책 등을 지지하는 보수적 성격을 보임으로써 한국사회에서 민주주의 공고화를 위해 필수적으로 수행해야 할 사회경제적 개혁이 지체되고 있다(최장집 1997; 2003).

속적 과정으로 규정하고자 한다. 즉, 민주화 단계란 일반적으로 지적하는 구(舊) 권위주의 세력의 퇴장과 새로운 민주적 헌법의 제정을 특징으로 하는 과정이며, 민주주의 공고화 단계는 이처럼 새로운 민주적 헌법이 제도화되고, 대중과 엘리트 사이에 민주적 규범과 절차가 사회적, 정치적, 경제적 영역에서 유일한 게임으로 받아들여지는 단계이다. 민주주의 공고화는 소외받고 억압된 사회집단 또는 계급 등이 사회적, 정치적, 경제적 영역에서 광범위한 참여가 보장되고, 정치적 시민권뿐만 아니라 사회경제적 시민권을 실현하는 복지제도가 확대된 상태를 의미한다(최장집 1997). 마지막으로 민주주의 정착 단계란 민주화 이행과정 중 민주화 단계와 민주주의 공고화 단계를 매개하는 단계로서, 새로이 설계된 민주적 규칙과 절차가 위협받지 않고 지속적으로 민주주의를 발전시키는 과정을 의미한다. 이 단계는 결정국면에서 민주주의의 심화과정을 의미하는 쇠렌센(G. Sørensen 1993)의 '공고화의 초기 단계' 그리고 프리드함(G. Pridham 1995)이 제시한 민주화에 대한 심각한 도전의 차단과 민주주의 체제에 대한 또 다른 대안의 전망을 효과적으로 제거하는 단계로서의 '소극적 공고화(negative consolidation)'를 포괄하는 이행과정 중 하나이다.[9] 이러한 민주화 이행 단계를 그림으로 정리하면

9) 민주화 이행과정을 4개의 국면으로 제시한 로스토우(D. Rustow 1970)는 민주적 질서가 정착되기 시작한 시기를 '결정국면'(decision phase)으로 제시한다. 이 시기에는 민주주의 절차의 중대한 측면을 제도화하기 위해 정치 지도자들이 신중한 결정을 내리는 단계로서 이전 국면인 예비국면(preparatory phase)과 이후 국면인 공고화 국면(consolidation phase)에 부분적으로 중첩되어 있다고 지적한다(Rustow 1970). 또한 쇠렌센는 로스토우의 '결정국면'을 제한된 민주주의에서 보다 실질적인 민주주의로 이끄는 단계로 설정하고 결정국면의 점진적 발전이 공고화를 증대시킬 것이라고 주장한다(Sørensen 1993).

<그림-1>과 같다.

〈그림-1〉 민주화 이행과정의 모형

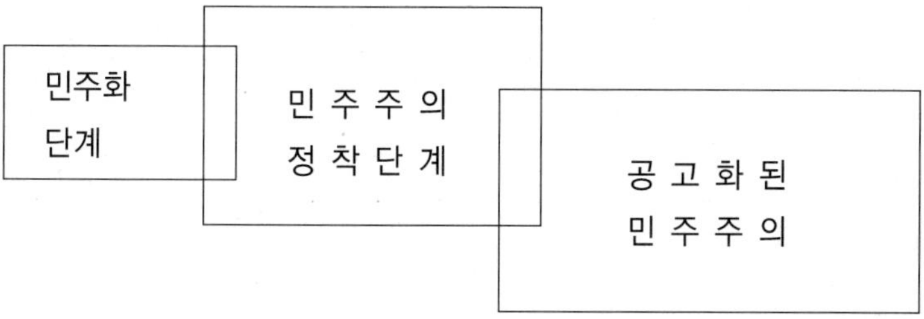

민주주의 정착 단계의 첫 번째 특징은 비록 사회경제적, 문화적, 정치적 영역에서 민주적 절차와 규범이 내면화, 일상화 그리고 제도화된 민주주의 공고화 단계로 진입하지 못하였지만 정치적 영역에서 최소한의 민주적 규칙과 절차가 지속성을 갖고 있다는 점이다. 즉, 공고화 단계는 광범위한 영역에서 민주주의적 가치와 규칙에 대한 엘리트나 대중의 신념 및 신뢰가 높은 수준에 이른 단계를 의미하지만, 정착 단계는 이러한 신념과 신뢰가 아직 일상화 또는 습관화되지 않고 단지 민주적 규칙과 절차라는 정치적 민주주의가 지속성을 보이는 단계를 의미한다.

두 번째 특징은 민주주의의 점진적 발전이 이루어진다는 점이다. 즉, 대부분의 민주화 이행 국가들을 대상으로 민주주의의 수준을 경험적으로 측정한 지수들을 살펴보면, 민주주의의 수준이 향상되고 있음을 발견할 수 있다. 예를 들면, 프리덤하우스에서 분류한 자유로운 국가의 수와 비율이 아래 <표-2>와 같이 확대되고 있다.

〈표-2〉 민주주의 국가수와 비율의 변화

	1973	1983	1993	2003	2010
자유 (Free)	43(29%)	54(33%)	75(40%)	89(46%)	87(45%)
부분적 자유 (Partly Free)	38(25%)	47(28%)	73(39%)	55(29%)	60(31%)
비자유 (Not Free)	69(46%)	64(39%)	38(21%)	48(25%)	47(24%)

출처: http://www.freedomhouse.org(2011)

세 번째 특징은 민주주의 공고화를 위한 엘리트와 대중으로 하여금 민주주의에 대한 믿음과 신념을 구축하고 법의 지배에 순응하도록 하는 방법을 교육하는 단계이다. 이는 린쯔와 스테판(Linz and Stepan 1996)이 제시한 공고화된 민주주의로 발전하기 위한 적응 또는 준비 단계라고 할 수 있다. 그리고 이러한 지속성, 발전성 그리고 적응성은 권위주의 체제와 같은 비민주주의 체제로의 회귀가능성이 공고화 단계보다 높지만 점차적으로 감소하고 있음을 시사해준다. 요컨대 민주주의 정착 단계란 민주화 단계와 민주주의 공고화 단계의 중간 단계로서 정치적 영역에서 민주적 규칙과 절차가 엘리트와 대중 모두에게 '유일한 게임'으로 인정될 뿐만 아니라, 더 나아가 공고화된 민주주의 또는 심화된 민주주의를 위한 조건으로서 사회경제적 영역에서 민주주의의 가치와 규범, 그리고 민주적 규칙이 습관화, 일상화 그리고 내면화되어가는 심화과정을 의미한다.

2. 민주주의 정착을 위한 구조적 결정요인

민주주의 정착 단계는 앞서 살펴보았듯이 민주화 이행의 완성 또는 민주주의의 공고화가 이루어진 단계를 의미하는 것이 아니라, 민주적 규칙과 절차가 설계된 후 지속성과 안정성을 통해 공고화된 민주주의로의 이행 가능성을 확장하는 단계이다. 그렇다면, 민주주의 정착에 영향을 주는 구조적 결정요인은 무엇인가?

일반적으로 민주주의를 위한 조건, 보다 구체적으로 민주주의 체제의 생성, 발전 그리고 붕괴 등을 설명하는 주요 요인들에 대한 논의는 다양하게 제시되고 있으며, 크게 사회경제적 요인과 정치제도 요인에 초점을 맞추고 있다. 그리고 이와 같은 요인들이 민주주의의 공고성, 안정성과 질(democratic quality)에 비교적 강하고 유의미한 영향을 미치고 있음이 경험적으로 검증되고 있다. 즉, 사회경제적 조건을 강조하는 구조주의(structuralism) 시각은 경제발전수준, 경제적 수행력, 문화구조의 동질성과 이질성, 그리고 민주주의에 대한 신뢰와 지지 등을 민주주의에 영향을 주는 주요한 결정요인으로 제시하고 있다.[10] 반면 정치제도를 강조하는 신제도주의(new institutionalism) 시각은 정부형태, 정당체계, 선거제도 그리고 이익대표체계 등의 특성과 제도적 배열(institutional arrangement) 또는 제도적 설계(institutional design)의 중요성을 강조한다.[11] 그리고 최

10) 사회경제적 발전과 민주주의 또는 민주주의 공고화 사이의 관계에 대한 연구들로는 Lipset(1959; 1994), Bollen and Jackman(1985), Diamond, Linz, and Lipset(1993), Marks and Diamond(1992); Przeworski, et al(2000), Rueschmeyer, Stephens and Stephens(1992) 등이 있다.

11) 정치제도의 특징 및 배열관계와 민주주의 사이의 관계를 분석한 연구들로는 Crepaz(1996), Lane and Ersson(2003), Lijphart(1999), Lijphart and Waisman(1996),

근에는 두 시각을 통합하여 민주주의 공고화와 지속가능성에 영향을 주는 결정요인들의 관계심도를 분석하는 연구들도 진행되고 있다.12) 이 연구에서는 민주주의 정착에 영향을 미치는 조건으로 사회경제적 요인과 정치제도 요인뿐만 아니라 민주화 이전 정치체제의 성격 그리고 민주화 이행경로 요인을 함께 제시하고자 한다. 그 이유는 민주화 이전의 정치체제가 어떠하였는가에 따라 민주화 이행과 공고화의 양상이 차이를 보이고 있기 때문이며, 또한 민주화 이행경로는 이러한 과제를 수행하는데 있어 중요한 영향을 미치고 있기 때문이다(Huntington 1991-92: Linz and Stepan 1996; 임혁백 1995).

린쯔와 스테판(J. Linz and A. Stepan)은 민주주의로 새롭게 진입한 체제의 경우, 공고화된 민주주의로의 발전을 위해서는 민주화 이전의 비민주적 정권의 특성과 이행경로에 따라 직면하는 해결해야 할 과제가 다르며, 민주화 이전 체제의 성격과 이행경로라는 두 조건에 대한 충분한 고려가 신생민주주의 국가들을 대상으로 하는 민주주의 연구에 있어 중요함을 지적한다(Linz and Stepan 1996). 즉, 권위주의 정권은 민주화 및 공고화를 위해서 자율성과 권위, 권력과 민주기관의 합법성의 창출 등과 같은 과제를 해결해야 하며, 전체주의 정권은 정치사회와 경제사회뿐만 아니라 시민사회, 법의 지배 그리

Linz(1990), Linz and Stepan, eds(1978), Linz and Valenzuela, eds(1994), Mainwaring(1993; 1999), Mainwaring and Scully(1995), Mainwaring and Shugart(1997), Powell(1982; 2000), Reynolds, eds(2002), Sartori(1976; 1994), Weaver and Rockman, eds(1993), Woldendrop, Keman, and Budge(2000) 등이 있다.

12) 이러한 연구들로는 Bernhard, Nordstrom, and Reenock(2001), Lijphart, Rogowski, and Weaver(1992), Powell(1982), 김형철(2005a) 등이 있다.

고 국가관료의 자율성 등 각 영역에서의 해결해야 할 과제들을 갖고 있다. 또한 임혁백(1994)은 이행경로의 유형도 민주주의 정착 및 공고화에 강한 영향을 미치고 있다고 주장한다. 그는 협약에 의한 민주화 이행을 사회적 정체 또는 현상유지적 성격을 갖는 이행경로라고 지적한다. 즉, 협약에 의한 민주화는 다양한 세력의 자유로운 경쟁을 억제하는 배제적 속성과 권력 카르텔의 형성, 그리고 아래로부터 제기되는 사회경제적 개혁 의제의 간과에 의해 민주주의 정착과 공고화에 부정적 영향을 준다는 것이다. 반면에 권위주의 체제 하에서 정치적 그리고 경제적으로 배제되어온 집단들이 아래로부터의 평화적인 대중동원을 통해 이루어진 개혁적 민주화는 구(舊) 권위주의 세력들의 이익인 권력 지속성을 사전에 보장하지 않는 비타협적 이행경로로서 민주주의의 정착 및 공고화시키는데 유리하다고 주장한다(임혁백 1994).

다음으로 제시될 조건은 사회경제적 요인이다. 일반적으로 민주주의의 형성과 발전의 추동력으로 지적되는 것은 사회경제적 발전이다. 사회경제적 발전이란 사회적 그리고 경제적 근대화 또는 성장의 수준을 의미하는 것으로서, 사회경제적 발전이 민주주의의 발전에 강한 영향력을 행사한다는 것이다. 대표적으로 "한 국가가 부유해질수록 민주주의를 유지할 수 있는 가능성이 높다"고 주장한 립셋(S. Lipset 1959, 75)은 민주주의의 필요조건으로서 높은 경제적 수준, 도시화, 교육의 확대, 중산층의 증가, 그리고 매스커뮤니케이션의 발전 등 을 제시하고 있다.[13)]

---

13) 최근에 립셋의 테제를 재구성한 마크스와 다이아몬드(Marks and Diamond 1992)는

이후 립셋의 명제를 받아들인 수많은 학자들이 경제적 수행력의 측면에서 실업률, 인플레이션, 경제성장률, 소득불평등 그리고 사회복지에 대한 공공지출비율 등이 민주주의와 어떠한 관계를 갖고 있는지를 탐색하고 있다. 예컨대 신근대화론자로 분류되는 쉐보르스키 등(Przeworski, *et al*. 2000; 2001, 169-170)은 경제발전이 민주주의에 긍정적 상관성을 가지고 있지만, 가난한 국가에서도 온건한 인플레이션과 경제성장에 의해 민주주의가 유지되고 있음을 지적한다.[14] 또한 뮬러(Muller 1988)는 소득불평등이 심화될수록 정치불안정 수준이 증대됨을 발견함으로써 민주주의와 소득불평등 사이의 상관관계가 있음을 지적하였다.[15] 이러한 견해들은 경제발전뿐만 아니라 정치체제의 경제적 수행력, 즉 인플레이션, 실업률, 경제성장률, 그리고 소득불평등 등이 민주주의에 유의미한 영향을 미치고 있

142개국을 대상으로 경제발전과 민주주의 사이의 강한 인과관계가 존재함을 검증하고 있다. 즉, 한 국가의 국민들이 잘 살수록 민주적 체계의 선호, 성취, 유지가 더 잘 될 것이라고 립셋의 테제를 재구성한다. 반면 달(Dahl 1971, 65)은 사회경제적 수준이 높은 국가일수록 민주주의가 되기 쉽고 안정된다는 사실에 대해서는 거의 논박할 여지가 없다고 지적하면서도, 경제발전 수준과 경제적 수행력이 민주주의에 위협 요인으로 작용함을 밝히고 있다(Dahl 1998). 그는 경제발전 또는 경제성장을 가져오는 시장자본주의는 민주주의에 우호적 조건이지만, 반면에 시장자본주의의 결과로서 불평등이 불가피하게 야기되며 이는 정치적 자원의 배분에 있어 불평등을 발생시킴으로써 민주주의 발전을 저해한다고 주장한다(Dahl 1998 229-232).

14) 이들은 1인당 국민총소득이 매년 $6,000이상인 부유한 국가들일 때 민주주의 생존이 확실하지만, 가난한 국가들에서도 온건한 인플레이션의 수준에서 경제성장이 이루어진다면 민주주의가 지속될 수 있음을 경험적으로 증명하고 있다(Przeworski, *et al*. 2000).

15) 다알(R. Dahl)은 경제발전 또는 경제성장을 가져오는 시장자본주의는 민주주의에 우호적 조건이지만, 반면에 시장자본주의의 결과로서 불평등이 불가피하게 야기되며 이는 정치적 자원의 배분에 있어 불평등을 발생시킴으로써 민주주의 발전을 저해한다고 주장한다(Dahl 1998 229-232).

음을 보여주는 것이다.

한편 최근에 이르러 사회경제적, 정치적 갈등을 관리하고 조정하는 정치제도에 대한 관심이 높아지고 있다. 즉, 민주주의와 정치제도 사이의 관계를 강조하는 수많은 학자들이 민주주의를 위협하는 사회경제적 조건이 존재함에도 불구하고 민주주의가 안정될 수 있는 근거로서 정치제도의 역할을 강조한다(Crepaz 1996; Dahl 2002; Mainwaring 1999; Przeworski 1995; 김재한 2001). 그리고 이들은 정부형태의 유형, 의회구조, 선거제도, 그리고 정당체계 등 권력구조와 관련된 정치제도들이 민주주의 또는 민주주의 공고화에 미치는 효과를 검토하고 있다. 이러한 제도들을 크게 다수제 정치제도와 합의제 정치제도로 분류하여 살펴보면, 합의제 정치제도의 채택이 다수제 정치제도의 채택보다 민주주의의 정착과 공고화에 더 효과적이라는 주장이 제기되고 있다.[16] 즉, 합의제 정치제도의 채택은 비례성이 높은 정치제도가 소수이익의 대표, 선거경쟁에 있어 공평성 보장, 그리고 투표에 있어 다수의 참여를 보장함으로써 사회 내에 존재하는 소수세력과 반대세력의 이탈(exit)을 방지하고 그 결과로 민주주의의 정착과 공고화를 가져올 수 있다는 것이다(Crepaz 1996; Kaiser, et al. 2002; Linz 1994; Powell 1982; Tavits 2004; 김용복 1999; 김재한 2001).[17] 반면 다수제를 선호하는 학자들은 다수선거

16) 다수제 정치제도는 대통령제, 단원제 또는 불균형적 양원제, 다수선거제, 그리고 양당제를 특징으로 하는 정치제도이며, 합의제 정치제도는 의회제, 균형적 양원제, 비례선거제, 그리고 다당제를 특징으로 하는 정치제도이다. 이러한 분류는 레이프하트(A. Lijphart 1984; 1999)의 민주주의 모형에 기초하고 있다.

17) 포웰(G. B. Powell)은 29개 민주주의 국가에 대한 비교연구를 통해 내각제와 비례대표제의 결합이 정치참여를 확대하고 정치적 위협을 낮게 한다고 지적한다

제와 양당제가 책임있는 공공정책을 생산하고, 배타적이고, 강력하고, 결단력 있고, 책임있는 정당들과 일당정부를 가져오고, 민주주의를 위협하는 환경하에서도 안정성, 생존성 그리고 문제해결 능력이 뛰어나다는 이유를 들고 있다(Anderson 2001; Armingeon 2002; Mainwaring 1993). 본 연구도 이들이 제시하는 제도적 조건들 중 새로운 민주주의의 정착을 위해 요구되는 조건이 무엇인지를 탐색하기 위해 정부형태, 의회구조, 선거제도, 선거불비례성 지수, 그리고 정당체계를 중심으로 경험적 분석을 수행하고자 한다.

Ⅲ. 분석모형의 구축

신생민주주의국가들에 있어서 민주주의의 정착은 민주주의의 공고화 또는 질 높은 민주주의로의 발전을 위한 필수불가결한 단계이며, 또한 이 단계에서의 정치적 민주주의의 수준은 안정된, 또는 심화된 민주주의로의 발전가능성을 결정할 것이다.[18] 이에 따라 이 글에서는 민주주의 정착의 수준을 정치적 민주주의의 지수로 측정하

(Powell 1982).

18) 후버와 그의 동료들(Huber, *et al.* 1997)은 형식적 민주주의에서의 민주주의의 정의는 포괄적 의미로서의 참여민주주의 및 사회적 민주주의를 향한 진보의 가능성을 열어 놓았다는 장점을 지적한다. 즉, 최소한의 민주적 규칙과 절차를 요구하는 정치적 민주주의는 실질적 의미에서 '다수의 지배'와 '다수에 의한 지배'를 보장할 수 있는 민주주의를 실현시키기 위한 필수불가결한 조건일 것이다. 그 이유는 다수의 참여와 경쟁을 보장하는 최소한의 절차가 존재할 때 실질적인 대중의 정치참여의 확대와 사회경제적 그리고 정치적 결과의 평등한 분배를 정당화할 수 있기 때문이다(Rueschemeyer, *et al.* 1992; 김형철 2005).

고, 정치적 민주주의의 수준을 결정하는 주요 요인이 무엇인지, 그리고 민주화 이행경로를 통제하였을 때 정치적 민주주의 수준에 영향을 주는 결정요인이 무엇인지를 탐색하기 위해 다음과 같은 분석모형과 연구가설을 제시하고자 한다.

1. 분석모형의 기본구조

분석모형은 앞에서 제시된 총 12개 독립변인과 민주주의 정착을 지표화한 정치적 민주주의 지수를 종속변인으로 상정한다. 12개의 독립변인들은 ① 민주화 이행구조를 특징짓는 민주화 이전의 정치체제(X_1), 민주화 이행경로(X_2) 등 2개 변인, ② 사회경제적 수준을 측정하기 위한 1인당 국민총소득(X_3), 문자해득률(X4), ③ 경제적 수행력을 측정하기 위한 경제성장률(X_5), 실업률(X_6), 인플레이션(X_7), ④ 정치제도 요인으로서 정부유형(X_8), 의회구조(X_9), 선거제도(X_{10}), 선거불비례성(X_{11}), 그리고 의회내 유효정당수(X_{12}) 등을 포함한다.

이러한 변인들이 상정된 분석모형은 아래와 같은 3개 연구가설과 그에 따른 다중회귀모형으로 구성된다.

● H_1: 민주주의 정착수준은 민주화 이전 정치체제의 유형, 민주화 이행경로, 1인당 국민총소득, 문자해득률, 경제성장률, 실업률, 인플레이션, 정부유형, 의회구조, 선거제도, 선거불비례성, 그리고 의회내 유효정당수에 의해 결정된다.

모형-1: $Y_{H1} = a + b_1X_1 + b_2X_2 + b_3X_3 + b_4X_4 + b_5X_5 + b_6X_6 + b_7X_7 +$

$b_8X_8 + b_9X_9 + b_{10}X_{10} + b_{11}X_{11} + b_{12}X_{12} + E_t$

- H_2: 비타협에 의한 민주화 이행 국가의 민주주의 정착수준은 민주화 이전 정치체제의 유형, 민주화 이행경로, 1인당 국민총소득, 문자해득률, 경제성장률, 실업률, 인플레이션, 정부유형, 의회구조, 선거제도, 선거불비례성, 그리고 의회내 유효정당수에 의해 결정된다.

모형-2: $Y_{H2} = a + b_1X_1 + b_2X_2 + b_3X_3 + b_4X_4 + b_5X_5 + b_6X_6 + b_7X_7 + b_8X_8 + b_9X_9 + b_{10}X_{10} + b_{11}X_{11} + b_{12}X_{12} + E_t$

IF $X_2 = 0$(비타협에 의한 민주화 이행경로)

- H_3: 타협에 의한 민주화 이행 국가의 민주주의 정착수준은 민주화 이전 정치체제의 유형, 민주화 이행경로, 1인당 국민총소득, 문자해득률, 경제성장률, 실업률, 인플레이션, 정부유형, 의회구조, 선거제도, 선거불비례성, 그리고 의회내 유효정당수에 의해 결정된다.

모형-3: $Y_{H3} = a + b_1X_1 + b_2X_2 + b_3X_3 + b_4X_4 + b_5X_5 + b_6X_6 + b_7X_7 + b_8X_8 + b_9X_9 + b_{10}X_{10} + b_{11}X_{11} + b_{12}X_{12} + E_t$

IF $X_2 = 1$(타협에 의한 민주화 이행경로)

2. 주요변인의 측정

1) 종속변인: 민주주의 정착수준

비민주적 정권의 퇴장과 민주적 규칙(즉 민주적 헌법)의 제정이 이루어진 이후부터 공고화 단계로 진입하기까지의 이행단계를 의미하는 민주주의 정착의 수준은 어떻게 측정될 수 있는가? 본 연구에서는 민주주의 정착이 함의하는 민주주의를 정치적 영역에서 자유롭고 의미 있는 경쟁, 정치참여의 포괄성을 보장하는 민주적 규칙과 절차를 속성으로 하는 정치적 민주주의로 정의하고, 이러한 속성을 경험적 지표로 구성한 폴리티 IV(Polity Ⅳ: 이하 폴리티)의 지표를 선정하고자 한다. 이 지표는 1800년부터 현재까지 인구 50만 이상의 161개 독립국가를 대상으로 정치적 민주주의의 수준을 매년 제시하고 있다. 폴리티 지표는 10점 척도의 민주주의의 지수와 10점 척도인 권위주의 지수를 합산하여 -10점부터 10점까지의 지수범위로 측정된다. 즉, 10점에 가까울수록 민주주의의 수준이 높으며, -10점에 근접할수록 비민주주의적 성격이 강함을 의미한다. 그리고 부가적으로 정초선거(founding election) 이후 자유롭고 의미 있는 선거가 두 번 이상 진행되었으며, 선거결과에 순응하여 평화로운 권력이양이 이루어졌을 때 이를 민주주의의 정착단계로 볼 수 있다.[19] 따라서 분석기간인 11년간의 폴리티 지표를 이용하여 정치적 민주주의 수준을 측정하고자 한다.

2) 독립변인: 민주화 이행구조, 사회경제적 구조, 정치제도 구조

분석모형에 상정된 독립변인들은 다음과 같은 지표를 이용하여 측정된다. 먼저 민주화 이행구조를 구성하는 변인으로서 민주화 이

19) 이러한 기준조건은 민주주의 공고화에 대한 기준으로 제시되고 있다(Gasiorowski and Power 1998; Huntington 1991). 그러나 본 논문에서는 민주화 이행이후 공고화 단계로 진입하는 중간단계를 평가하는 기준으로 사용하고자 한다.

전 체제의 성격과 민주화 이행경로를 측정하고자 한다. 민주화 이전 체제는 크게 권위주의 체제(0)와 전체주의 체제(1)로 구분하여 이항변인(dummy variable)으로 측정하였다. 이렇게 구분한 이유는 앞서 논의한 바와 같이 민주주의로의 이행과 공고화에 있어 종전의 비민주적 정치체제가 어떠한 성격을 갖고 있는가에 따라 최소한의 필요조건이 차이를 나타내기 때문이다(Linz and Stepan 1996). 또한 민주화 이행경로는 비타협에 의한 민주화(0)와 타협에 의한 민주화(1)로 구분하여 역시 이항변인으로 측정하였다. 수많은 민주화 이론가들이 지적하듯이, 타협에 의한 민주화가 민주화의 초기 단계에서 용이한 이행을 수행하지만, 아래로부터의 사회경제적 개혁의 실종과 포괄적이고 의미있는 경쟁을 배제한다는 점에서 장기적인 민주주의 정착에 효과적이지 않다는 주장(임혁백 2001)을 검증하기 위해서이다. 이를 위한 자료는 헌팅턴(Huntington 1991-92), 린쯔와 스테판(Linz and Stepan 1996) 그리고 임혁백(1995)의 분류를 재정의하였다.

민주주의 정착에 영향을 주는 사회경제적 지표로서는 기존의 교차국가연구를 통해 타당성이 검증된 변인들 중 1인당 국민총소득(per capit GNI), 문자해득률, 경제성장률(per capit GDP 성장률), 실업률, 그리고 인플레이션을 선정하였다.[20] 이러한 지표들을 측정하기 위한 자료로서는 세계은행(World Bank)의 세계발전지표(World Development Indicators)를 이용하였다.

---

20) 다수의 연구들은 1인당 GNP, 실업률, 인플레이션, 교육의 정도, 그리고 문자해득률의 정도 등 사회경제적 지수와 민주주의와 깊은 상관관계를 갖는다고 보이고 있다는 것이다(Bollen and Jackman 1985; Dahl 1971; Marks and Diamond and 1992).

그리고 정치제도 요인은 정부유형을 권력의 집중과 분산의 측면에서 대통령제와 비대통령제라는 이항변인으로 측정하였다. 즉, 통치권력이 집중된 대통령제는 0, 통치권력이 분산적인 의회제와 준대통령제는 1로 측정하여 어떠한 정부유형이 민주주의 정착에 효과적인가를 탐색하고자 한다. 또한 의회구조가 어떠한 영향을 미치고 있는지를 밝히기 위해 의회구조를 단원제와 양원제로 구분하고, 단원제는 0, 양원제는 1로 측정하였다. 다음으로 선거제도는 선거제도의 유형을 다수대표제와 비례대표제로 구분하였으며 다수대표제는 0, 비례대표제는 1로 측정지표를 구축하였다. 그리고 선거불비례성 지수는 갤러거(Gallagher 1991)의 불비례성 공식을 이용하여 측정하였다.[21] 마지막으로 의회내 유효정당수는 락소-타게페라(Laakso and Taagepera 1979)의 공식을 이용하여 측정하였다.[22] 정치제도의 측정지표를 구축하기 위해 *Elections around the World, International Foundation for Election Systems, Parties and Elections in Europe, 그리고 Political Database of the Americas* 등의 자료들을 이용하였다. 측정지표들을 정리하면 <표-3>과 같다.

21) 선거불비례성 지수를 구하는 공식은 다음과 같다. 선거불비례성 지수 (G) = $\sqrt{1/2\Sigma(V_i - S_i)^2}$이며, V_i = 선거에 참여한 각 정당의 득표율을 그리고 S_i = 의회내 각 정당의 의석분점율을 의미한다.

22) 효과적 의회정당의 수를 측정하는 공식은 다음과 같다. 효과적 의회정당의 수(Ns) = $1/\Sigma S_i^2$ 이다. S_i는 의회 내 각 정당의 의석분점율이다.

〈표-3〉 개념정의와 측정지표의 설정

구성개념	맥락정의	조작정의	측정방식
종속변인: 민주주의 정착	정치적 민주주의	경쟁성 참여성	폴리티 4(Polity Ⅳ)
독립변인: 구조적 요인	민주화 이행구조	민주화 이전의 정치체제	권위주의 체제(0), 전체주의(1)
		민주화 이행경로	비타협에 의한 민주화(0) 타협에 의한 민주화(1)
	사회경제적 구조	사회경제적 수준	분석대상기간 각 국가의 1인당 국민총소득(per capita GNI. PPP)
			분석대상기간 각 국가의 문자해득률(%)
		경제적 수행력	분석대상기간 각 국가의 1인당 국민총생산(GDP) 성장률(%)
			분석대상기간 각 국가의 실업률(%)
			분석대상기간 각 국가의 인플레이션(%)
	정치제도 구조	정부유형	대통령제(0), 의회제 및 준대통령제(1)
		의회구조	단원제(0) 양원제(1)
		선거유형	다수대표제(0) 비례대표제(1)
		선거불비례성	갤러거 지수= $\sqrt{1/2\sum(Vi-Si)^2}$
		의회내 유효정당수	Ns= $1/\sum Si^2$

Ⅳ. 모형검증결과

1. 8개 민주화 이행 국가에 대한 분석결과

총 8개 민주화 이행 국가를 대상으로 다중회귀모형을 양방소거 또는 단계선택 방식을 통해 검증한 결과, 통계적 유의미성이 존재함을 발견할 수 있다. 즉, 모형-1의 F값은 유의수준에서 129.133(p=.000)으로 통계적 유의도를 만족하고 있다. 그리고 탐색된 결정요인들에 의한 회귀모형의 조정된 결정계수는 0.891로 89%의 높은 설명력을 갖고 있음이 확증되었다. 이러한 분석결과를 정리하면 <표-4>와 같다.

〈표-4〉 총8개 민주화 이행 국가에 대한 모형검증결과

	비표준 회귀계수	표준 오차	표준 회귀계수	t값	유의 확률	공차한계
상수	9.862	.444	-	22.2	.000	-
문자해득률	.095	.013	.342	7.454	.000	.661
정부유형	1.846	.136	.675	13.607	.000	.566
의회구조	-.878	.147	-.314	-5.99	.000	.507
선거제도	1.677	.216	.425	7.751	.000	.463
의회내 유효정당수	-.137	.029	-.198	-4.776	.000	.809
최종 회귀모형	$Y_{H1}=9.862+0.095X_4+1.846X_8-0.878X_9+1.677X_{10}-0.137X_{12}+E_t$ R^2= 0.898, Ad R^2=0.891, F=129.133 Sig.F=0.000					

종속변인: Polity 지수

위의 표에서 알 수 있듯이 민주주의 정착에 영향을 주는 결정요인으로서는 사회경제적 요인으로서 문자해득률, 정치제도 요인으로서 정부유형, 의회구조, 선거제도 그리고 의회내 유효정당수가 탐색되었으며, 나머지 요인들은 모두 통계적 유의미성($p \leq 0.05$)을 만족시키지 못하고 있다. 그렇다면 발견된 결정요인들 사이에 어떠한 요인이 상대적으로 강한 설명력을 갖는가? <표-4>에 따르면 정부유형이 종속변인과 가장 강한 관계심도를 보이고 있다. 즉, 정부형태의 표준회귀계수(BETA)는 0.675로서 내각제 및 준대통령제를 채택하였을 때 민주주의 정착에 효과적임을 알 수 있다. 다음으로는 선거제도로서, 비례대표제일 때 정치적 민주주의 지수에 대한 영향력이 0.425로서 비교적 강하게 나타나며, 문자해득률과 의회구조 역시 표준회귀계수가 ±0.3 이상으로 비록 약하지만 의미 있는 관계심도를 보이고 있다. 마지막으로 효과적 의회정당수는 표준회귀계수가 유의미한 수준에서 -0.198로 비교적 약하게 나타났다. 이러한 분석결과는 민주주의 정착에 필요한 결정요인은 민주화 이행 요인이나 사회경제적 요인보다는 정치제도 요인임을 보여준다. 즉, 민주주의 정착은 내각제나 준대통령제, 비례선거제, 단원제를 채택하고 의회내 유효정당수가 적을수록 더 효과적으로 이루어짐을 알 수 있다. 바꾸어 말해서, 민주화 단계에서 어떠한 정치제도가 채택되고 설계되는가에 따라 정치적 민주주의의 수준이 결정된다고 볼 수 있다.

이 연구는 민주화 이전 정치체제와 민주화 이행경로가 민주주의 정착에 강한 영향을 미칠 것이라 예측하였다. 그러나 분석결과는 이 변인들의 영향력이 거의 없음을 확인해 준다. 즉, 단계선택(STEPWISE) 방법을 통해 분석한 결과, 최종 모형에서 민주화 이전 정치체제의 유의성은 0.097로서 0.05를 만족시키지 못하고 있으며 진입 표준회귀계수(BETA In)는 0.125에 불과하다.[23] 그러나 민주화 이전 정치체제가 민주주의 정착에 미치는 방향성을 살펴본다면, 권위주의에서 민주주의로 이행된 국가들보다 전체주의에서 민주주의로 이행된 국가들의 정치적 민주주의의 수준이 높음을 알 수 있다. 또한 민주화 이행경로 변인은 유의기준을 만족시키지 못하며, 표준회귀계수도 0.099로서 민주주의 정착과 의미 있는 상관성을 갖고 있지 못하다. 그 외에 사회경제적 요인들, 즉 1인당 국민총소득, 성장률, 실업률 그리고 인플레이션 등은 모두 유의수준을 만족시키지 못하고 있으며, 종속변인과의 관계심도 역시 지극히 미약하다.[24] 이러한 분석결과는 민주화 이행 국가들의 경우 사회경제적 조건과 민주주의가 강한 상관성을 갖는다는 립셋, 가시오로프스키와 파워(M. Gasiorowski and T. Power 1998)의 주장을 반증하는 것이다.[25] 요약하자면, 민주화 이행 국가들의 민주주의 정착은 민주화 이행 요인이나 사회경제적 요인에 의해 결정되기보다는 정치제도 요인에 의해 결정되며, 특히 정부유형과 선거제도의 유형은 민주주의 정착에 매우 강한 영향을 미치고 있음이 밝혀졌다.

---

23) 진입 표준회귀계수(BETA In)는 모형에 포함되지 않은 변인의 표준화 부분회귀계수(Standard Partial Regression Coefficient)이다(오택섭 1994, 320).

24) 이에 대해서는 부록 1을 참조하시오.

25) 가시오로프스키와 파워는 민주화 이행 국가들을 대상으로 민주주의 공고화에 영향을 주는 구조적 결정요인을 탐색한 연구에서 발전과 관련된 사회경제적 요인들이 민주주의 공고화와 강한 긍정적 효과를 갖으며, 정치제도로서 정부유형과 정당분절도의 영향은 매우 낮다고 지적하고 있다(Gasiorowski and Power 1998, 764-767).

2. 민주화 이행경로에 따른 결정요인의 비교분석

그렇다면 민주화 이행경로를 통제하였을 때 분석모형의 설명력과 결정요인들은 어떠한 변화를 보일 것인가? 여기에서는 민주화 이행경로를 타협에 의한 민주화 이행경로와 비타협에 의한 민주화 이행경로로 구분하여, 민주주의 정착에 영향을 주는 결정요인을 탐색하고 그들의 상대적 영향력을 비교하고자 한다.

〈표-5〉 비타협에 의한 민주화 국가에 대한 분석결과

	비표준 회귀계수	표준 오차	표준 회귀계수	t값	유의 확률	공차한계
상수	9.361	.149	-	62.724	.000	-
실업률	-.023	.008	-.064	-2.881	.007	.666
인플레이션	.000	.000	-.069	-3.733	.001	.956
정부유형	2.333	.049	.908	47.943	.000	.913
의회내 유효정당수	-.649	.069	-.203	-9.353	.000	.695
최종 회귀모형	$Y_{H2}=9.361-0.023X_5-0.000X_6+2.333X_8-0.649X_{12}+E_t$ $R^2= 0.989$, Ad $R^2=0.988$, F=755.552, Sig.F=0.000					

종속변인: Polity 지수

우선 민주화 이행경로가 구 권위주의 세력과 민주화 세력 사이에 상호이익을 보장하는 타협이나 협상에 의하지 않고 민주화로 이행한 그리스, 포르투갈, 아르헨티나 그리고 칠레 등 4개 국가를 분석한 결과, 분석모형의 설명력은 유의미한 수준(F값=755.552, Sig.F=0.000)에서 약 99%로 매우 높게 나타났다(조정된 결정계수=0.988).

비타협에 의해 민주주의로 이행한 국가들의 경우, 민주주의 정착에 영향을 주는 결정요인은 사회경제적 요인으로서 경제적 수행력을 의미하는 실업률, 인플레이션과 정치제도 요인 으로서 정부유형과 의회내 유효정당수이다. 이 중 실업률과 인플레이션은 유의기준을 만족하고 있지만, 종속변인과의 관계심도가 지극히 미약하여 민주주의 정착에 대한 영향력이 거의 없다고 볼 수 있다. 그러나 이 두 변인과 민주주의 정착 사이의 관계방향을 살펴보면, 실업률과 인플레이션이 낮을수록 민주주의 정착에 효과적임을 발견할 수 있다.

다음으로 정부유형, 의회내 유효정당수와 종속변인간의 관계심도를 살펴보면, 비타협에 의해 민주주의로 이행한 국가들의 민주주의 정착에 가장 강한 영향력을 행사하고 있는 것은 정부유형이다. 즉, 정부유형은 유의수준을 만족할 뿐만 아니라 표준회귀계수의 값이 0.908로서 종속변인과 매우 강한 상관성을 보이고 있다. 이는 통치권력이 집중된 대통령제보다 통치권력의 분산이 이루어진 의회제나 준대통령제가 민주주의 정착에 더 효과적임을 보여준다. 그리고 의회내 유효정당수는 0.05의 유의수준을 만족하나, 민주주의 정착에 미치는 영향력은 BETA=-0.203으로 비교적 낮은 관계심도를 보이고 있다. 이는 의회내 유효정당의 수가 적을수록 정치적 민주주의 수준이 높아짐을 의미하는 것이다.

이러한 검증결과를 정리하면, 비타협에 의한 민주화 이행 국가들의 정치적 민주주의 수준은 정치제도 요인인 정부유형과 의회내 유효정당의 수에 의해 상당한 영향을 받고 있음을 발견하였다. 즉, 통치권력이 분산되고, 의회에 진입하여 정책결정과정에서 영향력을 갖는 정당의 수가 적을수록 민주주의 정착이 효과적으로 이루어진다고 말할 수 있다.

한편 최종모형에서 제외된 변인들의 영향력을 살펴보면, 이들은 모두 유의수준을 만족하지 못하고 있으며, 또한 진입 표준회귀계수는 ±0.05이하로 나타났다. 여기서 선거제도의 경우는 비타협에 의해 민주주의로 이행한 국가들이 비례선거제를 채택하고 있음으로 분석과정에서 제외되었다. 그리고 제외된 변인들과 종속변인간의 관계 방향성을 살펴보면, 1인당 국민총소득과 의회구조는 정관계(+)를 보이고 있는 반면 문자해득률, 성장률, 그리고 선거불비례성은 모두 역관계(-)를 나타내고 있다. 이는 1인당 국민총소득이 높고 양원제일 때 민주주의 정착에 효과적이며, 문자해득률, 성장률 그리고 선거불비례성이 낮을수록 정치적 민주주의 수준에 긍정적 영향을 미친다는 잠정적 추론을 가능케 한다.

다음으로 타협에 의한 민주화 이행 국가를 대상으로 한 분석결과를 살펴보면, 도출된 결정요인들은 민주화 이전 정치체제, 1인당 국민총소득, 의회구조 그리고 선거제도이다. 그리고 최종모형의 설명력은 통계적으로 유의미한 수준(F값=89.78, Sig.F=0.000)에서 약 90%로 매우 높은 것으로 나타났다(<표-6> 참조).

타협에 의해 민주주의로 이행한 브라질, 한국, 폴란드 그리고 헝가리의 정치적 민주주의의 수준에 영향을 주는 결정요인은 다른 이행경로를 경험한 국가들과 달리 민주화 이전 정치체제와 1인당 국민총소득임을 발견할 수 있다. 이 변인들은 모두 유의수준을 만족하고 있으며, 관계심도는 각기 0.176과 0.433으로 나타난다. 즉, 1인당 국민소득이 높을수록, 그리고 민주화 이전의 정치체제가 전체주의를 경험한 국가일수록 정치적 민주주의의 수준이 높다고 말할 수 있다.

〈표-6〉 타협에 의한 민주화 이행 국가(4개국)에 대한 분석결과

	비표준 회귀계수	표준 오차	표준 회귀계수	t값	유의 확률	공차한계
상수	3.935	.586	-	6.714	.000	-
민주화이전 정치체제	.492	.213	.176	2.314	.027	.44
1인당 국민총소득	.000	.000	.433	4.576	.000	.271
의회구조	-.882	.225	-.313	-3.913	.000	.396
선거제도	3.672	.336	1.171	10.932	.000	.221
회귀 모형	Y_{H3}=3.935+0.492X_1+0.00X_3-0.882X_9+3.672X_{10}+E_t R^2= 0.911, Ad R^2=0.901, F=89.78 Sig.F=0.000					

종속변인: Polity 지수

정치제도 요인 중 민주주의 정착에 영향을 주는 주요변인은 의회구조와 선거제도이다. 특히 선거제도는 매우 높은 관계심도를 보이고 있다(표준회귀계수 1.171). 그리고 의회구조는 -0.313으로 민주주의 정착과 약한 상관성을 갖는다. 이러한 분석결과는 비례대표제일수록, 그리고 단원제의 의회구조를 가질수록 정치적 민주주의의 수준이 향상될 수 있다는 점을 보여준다. 반면 앞선 분석에서 민주주의 정착에 영향을 준 정부유형과 의회정당의 수는 모형으로부터 제외되었다. 즉, 정부유형은 공차한계(tolerance)값이 0.00으로 상당한 다중공선성(multicollinearity)을 갖는다. 또한 의회내 유효정당수는 유의수준을 만족시키지 못하고 있다.

제외된 변인들을 살펴보면, 비타협에 의해 민주주의로 이행한 국가들과 정반대의 관계방향을 보이고 있다. 먼저 경제적 수행력을 의미하는 변인들의 경우, 경제성장률은 낮을수록, 그리고 인플레이션과 실업률은 높을수록 민주주의 정착에 효과적인 것으로 밝혀진다. 이러한 결과는 비록 통계적 유의미성은 없지만 높은 경제성장률이 민주주의의 불안정을 가져온다는 올슨(Olson 1982)과 헌팅턴(Huntington 1968)의 주장을 뒷받침해 준다. 즉, 높은 인플레이션과 실업률, 낮은 경제성장 등은 경제의 부실과 경제위기를 의미하는 것으로서 민주주의 안정성을 위협하는 조건이라는 다수의 주장(Haggard and Kaufman 1995; Londregan and Poole 1990; Przeworski, et al. 2000; 2001)이 이들 국가들에서 적용되지 않음을 보여주는 것이다. 그리고 문자해득률과 선거불비례성은 높을수록 정치적 민주주의 수준에 긍정적 영향을 미치고 있는 것으로 발견된다. 이러한 결과에 대해서는 보다 구체적인 분석이 필요할 것이다. 그러나 본 연구의 주제를 벗어나는 것이므로 후속 연구를 통해 타협에 의해 민주화를 이룬 사례들을 확장하여 분석하고자 한다. 분석결과를 요약하면, 타협에 의한 민주화 이행 국가의 경우 전체주의로부터 민주주의로 이행한 국가일수록, 1인당 국민총소득이 높을수록, 비례대표제를 채택하고 단원제인 국가일수록 민주주의가 효과적으로 정착된다고 볼 수 있다.

V. 결 론

이 연구는 민주주의의 정착 단계에 있는 국가들을 대상으로 정치적 민주주의의 수준에 영향을 주는 결정요인을 탐색하려 시도하였다. 이를 위해 공고화된 민주주의 체제로 진입하지 못하였지만 민주적 규칙과 절차가 지속되는 대표적인 8개 국가를 대상으로 구조적 요인, 즉 사회경제적 요인과 정치제도 요인, 그리고 기존 연구에서 중요하게 다루어지지 않았던 민주화 이행구조(민주화 이전 정치체제와 민주화 이행경로)를 상정한 분석모형을 구축하여 경험적 교차국가분석을 수행하였다. 또한 민주화 이행경로의 유형에 따른 결정요인의 변화를 탐색하기 위해 비타협에 의한 민주화와 타협에 의한 민주화를 통제한 분석모형을 검증하였다.

검증 결과, 8개 국가를 대상으로 한 분석모형뿐만 아니라 민주화 이행경로를 통제한 분석모형 모두에서 구조적 요인에 의한 설명력이 약 90% 이상으로 강하게 나타나고 있다. 특히 비타협에 의해 민주주의로 이행한 국가들의 경우는 구조적 요인 중 사회경제적 요인과 정치제도 요인에 의한 설명력이 약 99%로 매우 높게 나타난다.
그렇다면 민주주의의 정착 단계에서 민주화 이전의 정치체제와 민주화 이행경로는 정치적 민주주의 수준에 강한 영향을 미치고 있는가? 모형-1의 검증결과는 민주화 이전의 정치체제와 민주화 이행경로가 정치적 민주주의 수준에 의미 있는 영향을 주지는 않지만, 관계 방향은 정(+)관계, 즉, 전체주의 국가일수록 그리고 타협에 의한 국가일수록 정치적 민주주의에 긍정적 효과를 미치고 있음을 발견할 수 있었다. 이러한 결과는 비록 단정적으로 주장할 수 없지만 정치개혁뿐만 아니라 사회경제개혁이 동시에 진행될 때 민주주의가 효과적으로 정착된다는 점을 보여주는 것이다. 즉, 전체주의로부터 민주주의로의 이행은 권위주의와 달리 사회경제적 개혁이 필수적으로 요구되었으며, 이러한 개혁의 결과 정치적 민주주의의 수준이 높아졌다고 볼 수 있다. 이를 뒷받침하는 또 하나의 검증결과는 타협에 의해 민주화가 이루어진 국가들을 분석한 모형-3에서 나타난다. 다시 말해서, 타협에 의해 민주화가 이루어진 국가들 가운데에서 전체주의를 경험한 국가일수록 정치적 민주주의의 수준은 더 높게 나타난다.

반면 타협에 의한 민주화 이행이 정치적 민주주의의 수준에 긍정적이라는 검증결과는 타협에 의한 민주화가 장기적인 민주주의의 정착에 그다지 효과적이지 않다는 주장을 반증하는 것이다. 즉, 일부 학자들은 구권위주의 세력과 민주화 세력 간에 이루어진 타협은 정치적 경쟁을 엘리트 집단 사이의 경쟁으로 협소화시키며, 권력 카르텔을 형성시킴으로써 '배제적 민주주의(exclusionary democracy)'를 초래하여 민주적 규칙과 절차를 위협할 것이라 주장하였다(Remmer 1985-86; 임혁백 1995). 그러나 본 연구의 분석결과는 통계적 유의미성은 없지만 이들의 주장과 반대되는 것으로 밝혀졌다.

다음으로 언급되어야 할 주요한 검증결과는 정치적 민주주의 수준에 대한 사회경제적 요인의 영향력이 큰 차이를 보이고 있다는 점이다. 즉, 모형-1은 높은 문자해득률이 정치적 민주주의에 긍정적 효과를 미친다는 사실을, 그리고 모형-2는 비타협에 의한 민주화 이행 국가들의 경우 실업률과 인플레이션이 낮을수록 높은 정치적 민주주의의 수준을 갖고 있다는 사실을 보여준다. 마지막으로 타협에 의한 민주화 이행 국가는 1인당 국민총소득이 높을수록 민주주의 정착에 효과적인 것으로 나타났다. 이렇듯 사회경제적 요인의 영향력이 모형에 따라 차이를 보인다는 것은 사회경제적 요인이 민주주의와 깊은 상관성을 갖는다는 주장을 일반화할 수 없음을 증명하는 것이다. 즉, 사회경제적 조건은 민주주의를 위한 필수조건이 아니라 충분조건일 뿐이다(Dahl 1998: Przeworski *et al*. 2001). 마지막으로 이 연구를 통해 증명할 수 있는 사실은 민주주의 정착에 있어 정치제도 요인이 사회경제적 요인보다 강한 영향을 미치고 있다는 점이다. 즉, 민주주의의 정착 단계에 있는 국가들의 정치적 민주주의 수준은 정부유형, 선거제도, 의회구조 그리고 의회내 유효정당수에 의해 영향을 받고 있으며, 비타협에 의한 민주화를 경험한 국가들도 정부유형과 의회내 유효정당수에 의해 강한 영향을 받고 있다. 특히, 모형-1과 모형-2에서 정부유형은 매우 강한 영향력을 보이고 있다. 즉, 정치적 민주주의를 지속하기 위해서는 통치권력이 집중된 대통령제보다 분산된 의회제나 준대통령제가 효과적임을 증명하는 것이다. 이와 더불어 지적할 수 있는 것은 다수의 의회내 유효정당 수에 의한 경쟁구조보다는 양당에 의한 경쟁구조가 민주주의 정착에 더 효과적이며, 선거제도의 경우 다수선거제보다 비례대표제일 때 민주주의 정착에 효과적임을 지적할 수 있다. 그리고 의회구조의 효과는 비록 비타협적 민주화를 경험한 국가들과 타협적 민주화를 경험한 국가들 사이에 상반되게 나타나지만, 모형-1의 결과를 고려한다면 단원제일수록 정치적 민주주의에 긍정적 상관관계를 갖고 있음을 알 수 있다. 이러한 분석결과는 신생민주주의 국가들에 있어서 민주주의 정착은 사회경제적 발전이나 경제적 수행력보다는 어떠한 정치제도를 선택할 것인가, 그리고 어떻게 정치제도를 효과적으로 운영할 것인가에 따라 성공여부가 결정된다는 점을 보여주는 것이다.

참고문헌

김용복. 1999. "정치개혁과 권력구조 논의." 『계간사상』. 41:1, 1-16.

김재한. 2001. 『분열의 민주주의』. 서울: 소화

김형철. 2005a. "민주주의 체제 안정성 모형의 탐색: 20개 국가의 비교분석." 한국외국어대학교 박사학위논문.

______. 2005b. "민주주의 개념과 측정지표: 경험적 비교연구의 맥락," 비교민주주의연구센터 편, 『비교민주주의: 분석모형과 측정지표』, 89-122. 서울: 한국외국어대학교 출판부.

김홍규. 1997. 『사회과학통계분석』. 서울: 나남신서.

비교민주주의연구센터 편. 『비교민주주의: 분석모형과 측정지표』. 서울: 한국외국어대학교 출판부.

오창헌. 2002. "민주주의의 공고화: 개념적 · 방법론적 고찰." 『대한정치학회보』 10:2, 97-120.

오택섭. 1994. 『사회과학 데이터 분석법』. 서울: 나남출판.

임혁백. 1995. 『시장 · 국가 · 민주주의』.서울: 사회비평사.

______. 2001. 『세계화시대의 민주주의: 현상 · 이론 · 성찰』. 서울: 나남출판.

조효래. 1995. "민주화 이행과 민주적 공고화," 임현진 · 송호근 공편, 『전환의 정치, 전환의 한국사회』, 531-583. 서울: 사회비평사.

최장집. 1997. "한국 민주화의 현 단계와 질 높은 민주주의를 위한 과제," 『한국사회와 민주주의』, 387-409. 서울: 나남신서.

______. 2003. 『민주화 이후의 민주주의』. 서울: 후마니타스.

Anderson, L. 2001. "The Implications of Institutional Design for Macroeconomic Performance." *Comparative Political Studies* 34:4, 429-452.

Armingeon, K. 2002. "The Effects of Negotiation Democracy: A Comparative Analysis." *European Journal of Political Research* 41, 81-105.

Bernhard, M., Nordstorm, T., and Reenock, C. 2001. "Economic Performance, institutional Intermediation, and Democratic Survival." *The Journal of Politics* 63:3, 775-803.

Beetham, D. 1994. *Defining and Measuring Democracy.* London: Sage.

Bollen, K. 1990. "Political Democracy: Conceptual and Measurement Traps." *Studies in Comparative International Development* 25:1, 7-24.

Bollen, K. and Jackman, R. 1985. "Political Democracy and the Size Distribution of Income." *American Sociological Review* 50, 438-457.

Crepaz, M. 1996. "Consensus versus Majoritarian Democracy: Political Institutions and their Impact on Macroeconomic Performance and Industrial Disputes." *Comparative Political Studies* 29:1, 4-26.

Dahl, R. 1971. *Polyarchy: Participation and Opposition.* New Haven, Conn.: Yale University Press.

_______. 1998. *On Democracy.* New Haven, Conn.: Yale University Press. 김왕식 외(공역). 2002. 『민주주의』. 서울: 동명사 5판.

Diamond, L. 1996. " Is the Third Wave Over?" *Journal of Democracy* 7, 20-37.

Diamond, L., Linz, J., and Lipset, S. 1995. *Politics in Developing Countries: Comparing Experiences with Democracy.* Boulder: Lynne Rienner.

Gallagher, M. 1991. "Proportionality, Disproportionality and Electoral Systems." *Electoral Studies* 10, 33-51.

Gasiorowski, M. and Power. T. 1998. "The Structural Determinants of Democratic Consolidation." *Comparative Political Studies* 31:6, 740-771.

Hadenius, A. 1992. *Democracy and Development.* Cambridge: Cambridge

University Press.

Haggard, S. and Kaufman, R. 1995. *The Political Economy of Democratic Transitions.* Princeton, NJ: Princeton University Press.

Huber, E. Rueschemeyer, D. and Stephens, J. 1997. "The Paradoxes of Contemporary Democracy: Formal, Participatory, and Social Dimensions." *Comparative Politics* 29:3, 323-343.

Huntington, S. 1967. *Political Order in Changing Societies.* New Haven, Conn.: Yale University Press.

____________. 1991. *The Third Wave: Democratization in the Late Twentieth Century.* The University of Oklahoma Press.

____________. 1991-1992. "How Countries Democratize." *Political Science Quarterly* 106:4. 김웅진 편역. 1992. 『비교정치론 강의 2』. 서울: 한울. 171-232.

Kaiser, A., M. Lehnert, B. Miller and U. Sieberer. 2002. "The Democratic Quality of Institutional Regimes: a Conceptual Framework." *Political Studies* 50, 313-331.

Landman, T. 1999. "Economic Development and Democracy: the View from Latin America." *Political Studies* XLⅦ, 607-626.

Laakso, M. and R. Taagepera. 1979. "'Effective' Number of Parties: A Measure with Applications to West Europe." *Comparative Political Studies* 12, 3-27.

Lane, Jan-Erik and S. Ersson,. 2003. *The New Institutional Politics: Performance and Outcomes.* London: Routledge.

Lijphart, A. 1984. *Democracies: Patterns of Majoritarian and Consensus Government in Twenty-One Countries.* New Haven: Yale University Press.

____________. 1999. *Patterns of Democracy: Government Forms and Performance in Thirty-Six Countries.* New Haven: Yale University Press.

Lijphart, A. and Waisman, C. 1996. *Institutional Design in New Democracies: Eastern Europe and Latin America.* Oxford: Westview Press.

Lijphart, A., Rogowski, R., and Weaver, K. 1993. "Separation of Power and

Cleavage Management." K. Weaver and B. Rockman.(eds.) *Do Institutions Matter?.* Washington: The Brookings Institution.

Linz, J. and Stepan, A. 1996. *Problems of Democratic Transition and Consolidation: Southern Europe, South America, and Post-Communist Europe.* Baltimore: Johns Hopkins University Press.

Linz, J. and Valenzuela, A.(eds.) 1994. *The Failure of Presidential Democracy: The Case of Latin America.* Baltimore: Johns Hopkins University Press. 신명순·조정관 공역. 1995. 『내각제와 대통령제』. 서울: 나남출판.

Lipset, S. 1959. "Some Social Requisites of Democracy: Economic Development and Political Legitimacy." *American Political Science Review* 53:1, 69-105.

_________. 1994. "The Social Requisites of Democracy Revisited: 1993 Presidential Address." *American Sociological Review* 59:1, 1-22.

Londregan, J. and Poole, K. 1996. "Does High Income Promote Democracy?" *World Politics* 49, 1-30.

Mainwaring, S. 1999. "Democratic Survivability in Latin America." H. Handelman, and M. Tessler.(eds.) *Democracy and Its Limits: Lessons from Asia, Latin America, and the Middle East,* 11-68. Notre Dame: University of Notre Dame Press.

Mainwaring, S. and Shugart, M. 1997. *Presidentialism and Democracy in Latin America.* Cambridge: Cambridge University Press.

Mainwaring, S. and Scully, T. 1995. *Building Democratic Institutions: Party Systems in Latin America.* Stanford: Stanford University Press.

Marks, G. and Diamond, L.(eds.) 1992. *Reexamining Democracy: Essays in Honor of Seymour Martin Lipset.* Newbury Park: Sage Publications.

Muller, E. 1988. "Democracy, Economic Development, and Income Inequality." *American Sociological Review* 53, 50-68.

Olson, M. 1982. *The Rise and Decline of Nations: Economic Growth, Stagflation, and Social Rigidities.* New Haven: Yale University Press.

Powell, G. 1982. *Contemporary Democracies.* Cambridge: Harvard University

Press.

Pridham, G. 1995. "The International Context of Democratic Consolidation: Southern Europe in Comparative Perspective." R. Gunther, Hans-Jurgen Puhle, and P. Diamandourous. *The Politics of Democratic Consolidation,* Baltimore: The Johns Hopkins University Press.

Przeworski, A. 1991. *Democracy and Market.* Cambridge: Cambridge University Press.

________________. 1995. *Sustainable Democracy.* Cambridge: Cambridge University Press.

Przeworski, A., Alvarez, M., Cheibub, J., and Limongi, F. 2000. *Democracy and Development: Political Institutions and Well-Being in the World, 1950-1990.* Cambridge: Cambridge University Press.

________________. 2001. "What Makes Democracies Endure?" L. Diamond, and M. Plattner,(eds). *The Global Divergence of Democracies,* 167-184. Baltimore: The Johns Hopkins University Press.

Remmer, K. 1985-1986. "Exclusionary Democracy." *Studies in Comparative International Development* 20:4, 64-83.

Reynolds, A.(eds.) 2002. *The Architecture of Democracy: Constitutional Design, Conflict Management, and Democracy.* Oxford: Oxford University Press.

Rustow, R. 1970. "Transitions to Democracy." *Comparative Politics* 2:3, 337-365.

Rueschmeyer, D., Stephens, E., and Stephens, J. 1992. *Capitalist Development and Democracy.* Chicago: The University of Chicago Press.

Sartori, G. 1970. "Concept Misformation in Camparative Politics." *The American Political Science Review* 64:4, 1033-1053.

__________. 1976. *Parties and Party Systems: A Framework for Analysis.* Cambridge: Cambridge University Press. 어수영 옮김. 1986. 『현대정당론』. 서울: 동녘.

__________. 1987. *The Theory of Democracy Revisited, Part One: The*

Contemporary Debate. Chatham: Chatham House. 이행 옮김. 1992. 『민주주의 이론의 재조명 I』. 서울: 인간사랑.

__________. 1994. *Comparative Constitutional Engineering: An Inquiry into Structures, Incentives, and Outcomes.* London: Macmillan.

Shin, Doh Chull. 1994. "On the Third Wave of Democratization: A Synthesis and Evalution of Recent Theory and Research." *World Politics* 47:1, 135-170.

Sørensen, G. 1993. *Democracy and Democratization.* Westview Press, Inc. 김만흠 옮김. 1994. 『민주주의와 민주화』. 서울: 풀빛.

Tavits, M. 2004. "The Size of Government in Majoritarian and Consensus Democracies." *Comparative Political Studies* 37:3, 340-359.

Woldendorp, J., Keman, H., and Budge, I. 2000. *Party Government in 48 Democracies 1945-1998.* London: Kluwer Academic Publishers.

World Bank. 2002. World Development Indicator.

Elections around the World (www.electionworld.org).

Freedom House(www.freedomhouse.org).

International Foundation for Election Systems(www.ifes.org).

Parties and Elections in Europe(www.parties-and-elections. de)

Political Database of the Americas(www.georgetown.edu/pdba)

부록: 검증된 분석모형에서 제외된 변인들의 통계적 지표

	모형 I			모형 II			모형 III		
	진입 회귀 계수*	유의 수준	공차 한계	진입 회귀 계수	유의 수준	공차 한계	진입 회귀 계수	유의 수준	공차 한계
민주화 이전체제	.125	.097	.247	a	a	a	-	-	-
민주화 이행경로	.099	.126	.332	a	a	a	a	a	a
1인당 국민총소득	.048	.386	.463	.047	.352	.134	-	-	-
문자해득률	-	-	-	-.006	.809	.513	.052	.93	.007
경제 성장률	-.035	.416	.753	-.027	.342	.424	-.081	.173	.735
실업률	-.062	.251	.482	-	-	-	.189	.071	.232
인플레이션	-.04	.353	.753	-	-	-	.041	.51	.693
정부유형	-	-	-	-	-	-	-	-	.000
의회구조	-	-	-	.01	.693	.506	-	-	-
선거제도	-	-	-	a	a	a	-	-	-
선거 불비례성	.04	.389	.672	-.022	.281	.805	.053	.409	.626
의회정당 수	-	-	-	-	-	-	-.072	.422	.324

* 진입회귀계수: 진입 표준회귀계수로서 다음 단계에 해당 독립변인이 회귀식에 포함될 것을 가정한 상태에서 표준회귀계수를 계산한 것이다.

a: 변인의 값이 변하지 않은 상수임.

-: 통계적으로 유의미한 결정요인으로 탐색된 변인들이다.